# ENSINANDO
## DE UM JEITO QUE
# **FUNCIONA**

Dados Internacionais de Catalogação na Publicação (CIP)
(Câmara Brasileira do Livro, SP, Brasil)

Sant'Anna, Carmem Maria
  Ensinando de um jeito que funciona : Andragogia e Análise Transacional / Carmem Maria Sant'Anna, Fabrizia Rossetti. – Petrópolis, RJ : Vozes, 2023.

  Bibliografia.
  ISBN 978-65-5713-782-6

  1. Aprendizagem  2. Aprendizagem de adultos  3. Andragogia  4. Análise Transacional  I. Rossetti, Fabrizia. II. Título.

22-127924                                                    CDD-374

Índices para catálogo sistemático:
1. Educação de adultos    374

Cibele Maria Dias – Bibliotecária – CRB-8/9427

**CARMEM MARIA SANT'ANNA
FABRIZIA ROSSETTI**

# ENSINANDO DE UM JEITO QUE FUNCIONA

## Andragogia e Análise Transacional

Petrópolis

© 2023, Editora Vozes Ltda.
Rua Frei Luís, 100
25689-900  Petrópolis, RJ
www.vozes.com.br
Brasil

Todos os direitos reservados. Nenhuma parte desta obra poderá ser reproduzida ou transmitida por qualquer forma e/ou quaisquer meios (eletrônico ou mecânico, incluindo fotocópia e gravação) ou arquivada em qualquer sistema ou banco de dados sem permissão escrita da editora.

**CONSELHO EDITORIAL**

**Diretor**
Gilberto Gonçalves Garcia

**Editores**
Aline dos Santos Carneiro
Edrian Josué Pasini
Marilac Loraine Oleniki
Welder Lancieri Marchini

**Conselheiros**
Elói Dionísio Piva
Francisco Morás
Ludovico Garmus
Teobaldo Heidemann
Volney J. Berkenbrock

**Secretário executivo**
Leonardo A.R.T. dos Santos

_____

*Editoração*: Maria da Conceição B. de Sousa
*Diagramação*: Daniela Alessandra Eid
*Revisão gráfica*: Barbara Kreischer
*Capa*: Estúdio 483

ISBN 978-65-5713-782-6

Este livro foi composto e impresso pela Editora Vozes Ltda.

# DEDICATÓRIA

*A todos os nossos amados familiares, fonte de tantos ensinamentos, inspiração e parceiros de todas as lutas, em especial a nossos queridos Fábio e Lucinha.*

# AGRADECIMENTOS

Este livro é o resultado de mais de 40 anos de estudo, trabalho e experiência prática. Contou com a participação de milhares de alunos e alunas, que de forma colaborativa e vivencial contribuíram de modo abundante para a consolidação da forma de ensino-aprendizagem que construímos juntos em cursos, *workshops*, palestras, seminários e congressos. Por isso, agradecemos muito a todos e a cada um.

Agradecemos aos nossos clientes que, com a iniciativa de transformar suas empresas, tiveram a coragem de incorporar à sua vida profissional e pessoal os conceitos, instrumentos e práticas que divulgamos em nosso trabalho nas salas de treinamento, tanto presenciais como *on-line*, nos projetos de organização, inovação e gerência.

Queremos agradecer a Maria Helena Schuck, Margarete De Boni, Fela Moscovici e Rosa Krausz, amadas mestras que mostraram os caminhos da Andragogia, Dinâmica de Grupos e Análise Transacional. Além dos ensinamentos, agradecemos o privilégio de sua amizade.

A todos os nossos colegas de graduação, pós-graduação e programas de formação. Construímos uma comunidade de amizade e parceria de trabalho trilhando caminhos de transformação.

A Jorge Close, querido mestre que, com sua generosidade e arte de ensino em um modelo híbrido diretamente de Buenos Aires, tornou possível a certificação da primeira turma de

AT Educacional no Brasil, composta pelas queridas colegas Ede, Maku, Michele, Laucemir, Aline, Simone, Sonia, Silvana e José Silveira.

A Laucemir, amiga querida de todas as horas. Colega, parceira e orientadora. Obrigada pelas trocas de conhecimento tão uteis nas horas de dúvidas e pela paciente leitura do texto embrionário, oferecendo importantes observações e incentivo para tocar em frente nossa missão.

A Thiago Peixoto, Regina Silva e Ede Lanir Ferrreira nossos prefaciadores. Thiago, ex-aluno, comprova a eficácia dos conceitos aprendidos, e o faz porque lidera um movimento de desenvolvimento de programas de inovação com reconhecimento internacional, em que inclui Andragogia e AT. Regina Silva confirma a aplicação prática dos conceitos nos ambientes organizacional, acadêmico e clínico, com uma formidável maestria que pude testemunhar como aluna. Ede Lanir Ferreira, nossa incentivadora, sempre com palavras de encorajamento que saem do coração e que nos fazem tanto bem.

# SUMÁRIO

*Prefácio 1*, 13
Thiago Peixoto

*Prefácio 2*, 17
Regina Silva

*Prefácio 3*, 21
Ede Lanir

*Introdução*, 23

1 Andragogia: o modo de aprender do adulto, 37

O adulto aprende de modo diferente, 39

Sentido etimológico dos termos "Pedagogia" e "Andragogia", 44

O papel do facilitador de aprendizagem e sua conduta, 46

Demanda por mais professores capacitados para trabalhar com adultos, 50

Barreiras da aprendizagem, 52

2 O Contrato de Aprendizagem, 61

O que é Contrato de Aprendizagem, 61

O que o contrato oferece, 62

Aspectos da Teoria dos Contratos, considerando outros atores implicados na relação, 67

Requisitos básicos do contrato, segundo Claude Steiner, 71

Etapas do Contrato de Aprendizagem: inclusão, 73

Etapas do Contrato de Aprendizagem: alinhamento de expectativas, 81

Etapas do Contrato de Aprendizagem: definição de papéis e responsabilidades – fechamento do contrato, 83

A importância de explicitar o implícito, 86

3 Os princípios da Andragogia, 91

Princípio 1: Necessidade de saber, 94

Princípio 2: Autoconceito do aprendiz, 100

Princípio 3: O papel da experiência, 106

Princípio 4: Prontidão para aprender, 111

Princípio 5: Orientação para aprendizagem, 113

Princípio 6: Motivação, 116

4 Os elementos do processo da Andragogia – O foco é o aluno, 119

1 Preparar o aluno, 122

2 Clima, 124

3 Planejamento, 125

4 Diagnóstico das necessidades, 128

5 Definição dos objetivos, 130

6 Desenho dos planos de aprendizagem, 131

7 Atividades de aprendizagem, 132

8 Avaliação, 133

5 Os estilos de aprendizagem, 139

Características dos estilos de aprendizagem, 142

Como preparar uma aula ou treinamento usando os estilos de aprendizagem, 147

Como escolher atividades para atender a cada estilo, 149

Observações finais para usar os estilos de aprendizagem,
Para analisar e refletir, 152

6 O Ciclo de Aprendizagem Vivencial (CAV), 159

As etapas do CAV, 163

7 O fazer da Andragogia à luz de conceitos da Análise
Transacional (AT), 179

Entendendo comportamentos manifestados por alunos em
início de aulas, 182

*Referências bibliográficas*, 197

*Referências infográficas*, 201

*Anexo 1* – Diagnóstico para o princípio 1: Necessidade do
saber, 203

*Anexo 2* – Inventário informal dos Estilos de Aprendizagem, 207

*Anexo 3* – Por que organizar subgrupos, 211

# PREFÁCIO 1

*Thiago Peixoto\**

Quem imaginaria as coisas boas que poderiam resultar de um analista de suporte de TI trabalhando como *freelancer* para uma consultoria de RH? Esta foi a forma como conheci Fabrizia e Carmem.

Minha vida teve a trajetória redirecionada ao ser convidado para participar de uma formação na área de psicologia, uma pós-graduação em Dinâmica dos Grupos, na qual Carmem era a facilitadora. Como eu era jovem e recentemente formado em Ciência da Computação por uma prestigiosa universidade, fiquei imaginando como temas tão distantes quanto computação e psicologia poderiam se conectar... No entanto a minha admiração pela trajetória da Carmem foi o incentivo para um salto de fé que me fez mergulhar de cabeça rumo ao desconhecido.

---

\* Thiago Guimarães Peixoto é mestre em Inovação e Propriedade Intelectual (Inpi), pós-graduado em Dinâmica dos Grupos (SBDG), especialista em estratégias de sustentabilidade pelo MIT, bacharel em Computação (UFRJ) e com formação em Análise Transacional (AT-202 Unat). Inseriu a Análise Transacional, Dinâmica dos Grupos e Andragogia como alicerce metodológico para a prática da Inovação Corporativa e Intraempreendedorismo. Criou a Olimpíada Nacional de Inovação em Energia, adotando imersões e laboratórios de aprendizagem usando AT, DG e Andragogia. Na Eletrobras-Furnas é gerente de Educação, Desenvolvimento e Inovação Corporativa. Representante brasileiro no MIT-Reap Cohort 8 – Time Rio de Janeiro na construção de um ecossistema de inovação em energia e sustentabilidade de classe mundial.

Os aprendizados em Andragogia e Análise Transacional mudaram minha forma de perceber a mim mesmo, os outros e a forma de me relacionar com o mundo e em especial no ambiente corporativo.

A compreensão dos Estilos de Aprendizado, dos Estados de Ego, das Transações, das Posições Existenciais, entre muitos outros conceitos, foram a base usada para motivar equipes e formar dezenas de grupos de inovação em algumas das maiores empresas do Brasil, no setor elétrico, mineração, em universidades e até em bancos. Ao somar todas as empresas, com a aplicação de apenas uma pessoa, esses conceitos e projetos impactaram positivamente e trouxeram dezenas de milhões de Reais em benefício direto para as empresas.

Os conhecimentos deste livro também possibilitaram a criação de um novo referencial teórico denominado "Psicologia da Inovação", que é o alicerce da metodologia do desenvolvimento das *Endostartups* (novos negócios pelo intraempreendedorismo), que culminaram na criação da Olimpíada Nacional de Inovação em Energia, ação de impacto reconhecida pelo Time Rio de Janeiro MIT-Reap[1].

A Olimpíada, hoje em sua terceira edição, foi apoiada por Fabrizia e Carmem desde a primeira edição, através da facilitação para a formação de grupos e aplicação dos conceitos de Andragogia e Análise Transacional na criação de equipes de inovação.

---

1. MIT-Reap é a sigla de Regional Entrepreneur Aceleration Program (Programa de Aceleração do Empreendedorismo em Regiões), do Instituto de Tecnologia de Massachusetts (MIT). Trata-se de um programa global de criação de ecossistemas de inovação. O Brasil foi pela primeira vez aceito pelo MIT com a proposta submetida pelo Time Rio de Janeiro de criação de um "Vale do Silício" da energia no Rio de Janeiro.

Faço votos que este livro desperte em você a mesma centelha. Que seja o ponto de partida para aprofundar-se nos conceitos aqui apresentados e que aplique de forma prática em sua vida pessoal e profissional, inspirando pessoas e se tornando um agente de transformação no seu meio.

# PREFÁCIO 2

*Regina Silva\**

Nada é mais oportuno para os nossos tempos de incertezas, vulnerabilidade e complexidade do que este livro que traduz a Andragogia para os nossos dias.

Carmem e Fabrizia falam a partir de sua longa experiência em treinamentos e ensino, compartilhando ferramentas que facilitam a comunicação e a compreensão tanto das necessidades do aprendiz como daquelas do facilitador/professor.

Este é um livro que não se limita à educação convencional, e sim um material que poderá trazer ideias inovadoras para consultores, *coaches* e profissionais de RH.

Afinal de contas, a Andragogia é a base de todo o "saber" do desenvolvimento humano.

Os professores nunca necessitaram tanto de uma linguagem que os aproxime dos alunos como nos dias de hoje. O ambiente de desenvolvimento humano/organizacional também necessita dessas ferramentas para conseguir o engajamento e a adesão aos processos de treinamento/desenvolvimento.

---

\* Regina Silva é consultora de desenvolvimento organizacional e *executive coach*, foi presidente e diretora de docência da Unat-Brasil, psicóloga, trabalha com desenvolvimento de pessoas e de grupos há mais de 30 anos.

A Andragogia não é apenas uma metodologia de ensino para jovens ou adultos, é também a arte da escuta, do encontro, do diálogo entre aquele que aprende e aquele que ensina.

Como Paulo Freire nos ensina: "ninguém ensina ninguém, nem ninguém aprende sozinho. Nós nos ensinamos mutuamente com o mundo como mediador".

Muitas vezes no ambiente organizacional a educação/treinamento visa a técnica, e não o ser humano que irá aplicá-la. Sem o engajamento das pessoas qualquer ação educativa pode gerar resistência e improdutividade.

Todo ser humano carrega consigo uma experiência rica de vida. A Andragogia reconhece, respeita e amplia essa experiência. Isso leva ao engajamento, ao reconhecimento de si mesmo, dentro do processo educativo; gera abertura e respeito pela experiência do outro e interesse pela descoberta mútua de novos conteúdos.

A Análise Transacional nos conta que o encontro entre duas pessoas é um fenômeno único. Eric Berne diz que "dizer 'olá' corretamente é ver a outra pessoa, ter consciência dela como um fenômeno, acontecer para o outro e estar pronto para que o outro aconteça para você. Então reconhecerá que este 'olá' em particular não voltará jamais a acontecer".

Como, nos dias de hoje carecemos desse "encontro"! Nas empresas, nas escolas, nos diferentes grupos sociais, na família...

Tanto aquele que ensina/facilita como aquele que aprende têm histórias de vida e conhecimentos, diferentes pontos de vista que, quando ouvidos e respeitados, poderão enriquecer ambas as partes.

Ouvimos com frequência a palavra cocriar. Isso requer confiança, abertura, escuta, quebrar paradigmas, deixar que o novo surja do grupo, do diálogo, do encontro.

Neste livro, Carmem e Fabrizia ensinam como fazer isso de forma leve, ao mesmo tempo interessante e profunda, compartilhando sua experiência e pesquisa com exemplos e técnicas que poderão facilitar muito o diálogo e o aprendizado mútuo entre professor/facilitador e aluno/profissional.

Análise Transacional e Andragogia aliadas convidam o ser humano ao protagonismo, ao diálogo e à cooperação.

Boa leitura!

# PREFÁCIO 3

*Ede Lanir**

Ser convidada para escrever o prefácio de um livro é um presente, pois, além das escritoras, tive a honra de conhecer o conteúdo em primeira mão.

Conhecer o conteúdo deste livro me encantou por duas razões: primeiro, é um trabalho educacional que nos mostra a aplicação da Análise Transacional combinada com outras teorias e com várias aplicações práticas. O segundo é que, por haver entrado na faculdade após os 40 anos, quase não senti diferença daquele momento para meus primeiros tempos de estudo. Tínhamos professores que simplesmente escreviam no quadro um subtítulo e abaixo jogavam sete linhas de texto, outro subtítulo e mais cinco linhas, e assim por diante. Ou seja, éramos tratados como crianças no aspecto do ensino e da aprendizagem; sem interação, sem convite a pensar. Este livro trata do ensino e da aprendizagem de adultos. Mas não é só sobre Andragogia: suas autoras nos conduzem a caminhos

---

\* Ede Lanir Ferreira é psicóloga graduada pela Universidade Federal de Uberlândia. Especialista em Gerontologia Social pela Universidade Federal de Uberlândia. Especialista em Análise Transacional pela Unat-Brasil Fato – Faculdade Monteiro Lobato. Didata em Psicoterapia e Ciências da Saúde, didata em Formação Educacional pela Unat-Brasil. Trabalha como professora em cursos de pós-graduação e atendimentos em psicoterapia e supervisão de treinandos.

respeitosos, interessantes e desafiadores que certamente farão diferença no olhar daqueles que desejam ensinar adultos.

Além de recomendar a leitura e os exercícios propostos, penso que posso recomendá-lo a cada instrutor, professor ou facilitador de processos de aprendizagem de adultos, aos quais os treinandos e alunos agradecerão.

# INTRODUÇÃO

Eu, Carmem não pude estudar quando pequena. Por inúmeras circunstâncias sociais da época que atingiram a mim e muitas outras, fui tirada da escola. Na década de 1940, estudar muito era visto até como prejudicial para meninas. Era considerado desnecessário e poderia atrapalhar para conseguir um bom casamento. Mesmo assim, eu queria muito estudar, ir para a escola e aprender.

Devido a estigmas sociais que marcaram minha família, passei um tempo mínimo na escola e sempre saía no meio do ano, antes de terminar o período. Esse tempo, apesar da rigidez da disciplina, era o suficiente para que eu quisesse ficar lá. Eu morava num sítio distante e passava tardes inteiras observando o clima e às vezes me entregava à tristeza.

Esse meu sentimento era visível para, pelo menos, uma pessoa, a Alda. Ela morava próximo da nossa casa, e eu a guardo no meu coração até hoje. Alda era neta de escravizados; seus avós viveram num quilombo próximo ao nosso sítio e ela sabia muitas coisas, tinha sabedoria e sensibilidade. Ela conversava muito comigo e me dava atenção, e eu gostava muito de conversar com ela. Numa de nossas conversas, um dia, vendo minha angústia de não poder voltar para a escola, ela me disse o seguinte: "Na sua cabeça, você pode estar onde você quiser. Pode entrar no palácio da rainha da Inglaterra e andar por tudo lá dentro. Pode entrar em qualquer escola que houver no mundo. Ninguém manda na sua cabeça". Alda falou como funcionava para ela: "Na minha cabeça, ninguém manda. Eu sempre vou para o país onde nasceram meus avós. Ando nas vilas, subo nas árvores, até nos baobás. Entro nas casas. Elas são diferentes das casas daqui. Eu invento como elas são. Lá, na minha cabeça, converso com quem eu bem quiser. Como as comidas que meus avós faziam, sinto o cheiro dos matos. Ninguém me impede. Quer ver? Vou te levar lá para debaixo de um baobá. Olhe aquelas outras árvores e escute o canto das aves que têm lá. Não tem aqui no sítio nenhuma que cante igual a elas". Ela descrevia para mim o que estava em sua cabeça e me transportava para aquele mundo. Era muito bom viver com ela as muitas histórias que construía, e aprendi a utilizar a imaginação e me permitir pensar de forma diferente.

Nessa época, plantei muitas árvores no sítio e me ocupava de cuidar delas. Como criança, eu estava sempre inquieta, mas gostava de ver as árvores crescerem e dar frutos. Um dia, eu estava pensando em como ia ser a minha vida e me sentei na sombra de uma das árvores que plantei. Essa árvore já havia crescido tanto, como era possível? Nesse dia, eu disse para essa árvore e para mim mesma: "Nem que seja com 50 anos, eu hei de conseguir crescer como você. Eu vou estudar em uma escola e me formar. Não vou morrer aqui!"

A vida seguia e fui alfabetizada por meus pais. Observando as pessoas do local, percebi que nem elas, nem seus filhos sabiam ler ou escrever. Com nove anos, achei que devia fazer algo por elas; afinal, eu havia aprendido a ler. Com o apoio de meus pais, montei uma escolinha no paiol de milho e passei a dar aulas.

Pela manhã, vinham os filhos e, à tarde, os pais e até os avós. Foi surpreendente, pois eles aprenderam a ler, escrever, fazer contas, resolver problemas. Lembro-me de uma avozinha que aprendeu a assinar o seu nome – a partir dessa aprendizagem, ela não foi mais a mesma. Ela tomou vida nova, passou a andar de cabeça erguida, arrumava-se melhor e se pintava. Fazia tudo o que podia para mostrar para as outras pessoas que sabia assinar o seu nome.

Muitos anos se passaram, saímos no sítio no Espírito Santo, moramos em Cruzeiro/SP e finalmente em Curitiba. Minha formação educacional seguiu do modo como era possível para a época: cursos por correspondência do Instituto Universal Brasileiro e Telecurso 1º Grau. A despeito do déficit educacional, por volta de 35 anos de idade, eu era dona e fundadora de uma empresa pioneira em serviços técnicos no Paraná. Do ponto de vista material, não havia necessidade de estudar, e naquela época não era nem um pouco comum pessoas da minha idade buscarem escolarização. Mas minha vontade de estudar não passava.

Houve algumas mudanças na legislação, e o Centro de Ensino Supletivo (CES) tornou possível que eu obtivesse os certificados do Primeiro e Segundo Graus – como se chamavam na época o Ensino Fundamental e o Médio. Foi aí que me tornei elegível a ingressar em uma faculdade, sonho que sempre acalentei. Decidi que faria vestibular. Dizia que era só para tentar, mas sabia que queria cursar. Quando informei às pessoas do meu convívio que iria prestar vestibular, a reação generalizada foi: "Para que isso? Casada, com dois filhos, dona de empresa, onde já se viu fazer faculdade nessa idade?" Recebi bem pouco apoio.

Não desisti e passei no vestibular para Administração de Empresas, tornando-me a aluna mais velha da minha turma. Consegui concluir em quatro anos o curso, durante o qual recebi todo tipo estímulo para desistir e "perceber que aquilo era bobagem". Corria a década de 1980, e os cursos de graduação eram raros. A presença das mulheres nesses cursos, mais rara ainda, e a própria ideia da busca de formação educacional para alguém com realizações profissionais consideradas consolidadas era vista como um exagero, um excesso.

No dia da minha formatura e colação de grau eu tinha 50 anos. Foi uma verdadeira sensação de glória para mim, e me dei conta nesse momento que havia cumprido minha promessa feita tantas décadas antes para aquela árvore e para aquela menina lá no sítio. Eu tinha 50 anos e havia me formado. Era alguém que cumpriu parte de seu propósito. Sim, com 50 anos eu possuía um diploma universitário. Ali eu decidi que nunca mais iria parar de estudar e nunca mais parei. Cursei até o momento sete programas de pós-graduação e formações, fiz mestrado em Educação e estudo até hoje.

Dessa minha trajetória, saí com algumas convicções muito fortes. Uma delas era de que meus filhos receberiam toda a educação formal possível e que desejassem. A outra era que professores preparados para lidar com alunos como eu, adultos e com experiência de vida, podem fazer toda a diferença no significado que alguém dá à própria vida. E, por fim, percebi que podia fazer o mesmo que a Alda fez comigo com outras pessoas: inspirar de forma simples com aquilo que a educação tem de mais importante, que é a capacidade de conexão e humanização.

Quando me vi como adulta, voltando a estudar depois de tantos anos, deparei com imensas dificuldades de autoimagem como aluna e para lidar com a forma como alguns professores trabalhavam em sala de aula. Os temas que este livro trata foram vivenciados por mim ao longo de anos como aluna, antes de serem objeto do meu estudo e prática como pesquisadora e professora. Como aluna, mais de uma vez deparei com perguntas que não ousei fazer porque não identifiquei ambiente para isso na sala de aula, o que me fez perder oportunidades de aprendizado por não sentir qualquer conexão com alguns de meus professores. Assim, minhas primeiras inquietações que levaram à paixão pela Andragogia foram: o que leva uma aula a ser apaixonante e inspiradora e outra a ser insípida e maçante?

Foi nesse contexto que este livro foi surgindo, a partir do trabalho meu e de Fabrizia Rossetti nos ambientes de educação corporativa e acadêmica, nos quais nos dedicamos a investigar as melhores e mais eficientes formas de educar adultos. Descobrimos juntas a Andragogia – a arte e a ciência de apoiar adultos a aprender – e passamos a coletar métodos e técnicas que pudessem contribuir com esse desafio. Nossas dissertações de mestrado versaram sobre os temas da educação de adultos e da educação corporativa. Uma coletânea de autores que foram usados pode ser encontrada na bibliografia deste livro.

O trabalho que desenvolvemos ao longo dessas décadas resultou em programas de treinamento para mais de 200 empresas públicas e privadas dos mais variados portes. Juntas, somamos mais de 40 mil horas de coordenação e facilitação de grupos com foco em aprendizagem de competências técnicas e comportamentais. Criamos o Curso Formação de Facilitadores com o enfoque da Andragogia, e já fizemos mais de 210 turmas, impactando mais de 5 mil alunos.

Nossas convicções ao longo desse tempo se solidificaram no sentido de perceber a radical diferença em resultados e engajamento que existe quando construímos experiências de aprendizagem para adultos respeitando as especificidades desse público. Agregamos aos teóricos da Andragogia os conhecimentos da Análise Transacional e da Teoria dos Grupos, que completam um quadro de direção teórica que dá base às nossas práticas e métodos.

Assim, neste livro apresentamos o resultado combinado de extensa pesquisa bibliográfica realizada ao longo de anos sobre a aprendizagem de adultos com ferramentas que colocamos em prática em muitos cenários diferentes com excelentes resultados.

A mais recente experiência que agregamos ao livro diz respeito à educação remota, que foi extensivamente disseminada no biênio 2020-2021 em razão da pandemia. As experiências com EAD são familiares para nós desde 1999, pois nossa Formação de Facilitadores existe nos formatos presencial e remoto, além de treinamentos para pessoas em localidades isoladas que se faziam por meio de videoconferências.

O cenário dos confinamentos trouxe para a educação de adultos um desafio tremendo. De um lado, ficou claro que o acesso às tecnologias e, portanto, à educação é profundamente desigual e injusto. Por outro, todos os que trabalham com aprendizagem, cursos e palestras precisaram aprender as novas tecnologias.

O que pudemos observar, entretanto, é que os que se limitaram ao aprendizado de tecnologias (*boards* interativos, aplicativos de videoconferência, aplicativos de interatividade) tiveram experiências profundamente chatas e cansativas – para professores e alunos. Essa mudança do ambiente presencial para o remoto impôs o desafio de humanizar os ambientes de aprendizagem. Esse esforço de humanização dependeu da atitude do professor e do seu desejo de apoiar os alunos em áreas nem imaginadas para que eles pudessem aprender. Foi necessário ressignificar as dimensões de espaço e tempo para que as aulas pudessem correr bem no ambiente digital. Mais do que isso, a capacidade de criar conexões com as pessoas foi posta à prova a cada novo curso, a cada nova experiência de aprendizagem.

Agora nos deparamos com um cenário no qual a aprendizagem nos ambientes virtuais não tem mais volta. Esse formato veio para ficar na medida em que organizações e pessoas identificaram a enorme economia de dinheiro e tempo que essa modalidade representa. Certamente teremos experiências híbridas de aprendizagem e talvez essa seja uma tendência, pois estima-se que muitos dos trabalhadores que experimentaram o trabalho remoto desejam manter esse formato ao menos alguns dias da semana.

O que percebemos e compartilhamos neste livro é que a ênfase na tecnologia mostrou mais fortemente ainda a necessidade da Andragogia como referencial na educação de adultos. Os conceitos da Andragogia que vamos apresentar aqui foram de grande valia nas experiências de aprendizagem síncronas e assíncronas, e seus fundamentos garantiram formas atraentes de captar a atenção dos alunos. Hoje está à disposição uma grande quantidade de novas técnicas para aprendizagem, que se valem da tecnologia para serem implementadas. Grande parte dessas técnicas surge da necessidade de acelerar a aprendizagem e captar a atenção do aluno, que está cada vez mais escassa e dividida. Neste livro você poderá identificar uma teoria que dá suporte a essas e outras técnicas que, quando aplicadas, podem fazer muito mais do que acelerar a aprendizagem ou captar a atenção do aluno; elas podem dar propósito e sentido à busca que o aluno empreende por si do conhecimento.

O desafio da Andragogia, que vamos apresentar aqui, é o desafio da humildade do professor perante a autonomia na busca pela aprendizagem de que o adulto necessita. Uma desconfortável verdade da Andragogia é que ela tira o professor do palco. Do lugar do único detentor do saber e o convida a sentar-se ao lado do seu aluno. Assim, aqui vamos falar de várias metodologias e estratégias de aprendizagem, mas sempre entendendo que elas precisam estar alinhadas aos objetivos e ao referencial teórico para que não se percam apenas como técnicas. Não dá para escolher essa ou aquela técnica só porque está na moda.

Dessa forma, neste livro, nossa principal vontade é trazer para o leitor um conjunto aprofundado, porém simples, de conceitos teóricos para a educação de adultos que seja prático para o exato tempo em que vivemos. Desejamos ajudar o leitor a conhecer de forma agradável algumas das mais poderosas ideias que transformaram o modo como adultos aprendem e que podem ser traduzidas em técnicas que tornam a vida em sala de aula – tanto acadêmica como corporativa – muito mais engajadora e criativa. Para isso, é necessário ir além das listas de "dicas infalíveis" e conceitos importados, e convidamos a aceitar o desafio de construir um tecido teórico de três áreas distintas e completares: Andragogia, Teoria dos Grupos e Análise Transacional.

Neste livro, o leitor verá conceitos dessas três áreas, na maior parte das vezes entremeados em todos os capítulos, em vez de separados, pois estão dispostos mesmo como num tecido, de forma sistêmica. Nisso está a beleza da educação de adultos. Dentro de cada capítulo, as técnicas e aplicações práticas de cada conceito estão também imediatamente apresentadas, todas com base em nossa extensa experiência e supervisão de grupos.

É emocionante para nós notar quantos livros, quantas sólidas teorias, congressos e conferências são necessários para que hoje se consiga tentar reproduzir o que a Alda, com amor e sabedoria simples, foi capaz de fazer com a força do seu coração e sua imaginação há mais de 70 anos: inspirar e criar conexão humana para ensinar. É isso que este livro deseja através de seus capítulos: auxiliar os que se lançam nessa façanha do ensino aprendizagem de adultos a fazê-lo de forma a inspirar e criar conexões humanas.

Hoje com 81 anos, ainda estudando e agora escrevendo este livro, espero, junto com a Fabrizia, compartilhar aprendizados e experiências do quanto a Andragogia ajuda a ressignificar as crenças limitantes relativas à idade e a dificuldades de aprendizagem referentes a tempo e lugar. Na maior parte dos casos, nossa determinação, como mestres, professores e facilitadores, de fazer a diferença na vida daqueles a quem buscamos ensinar vai depender muito mais de nossos fatores humanos do que das fabulosas tecnologias à nossa disposição.

Assim, aqui segue um resumo do conteúdo do que você encontrará:

## Capítulo 1: Andragogia: o modo de aprender do adulto

Responde à pergunta: O que define um indivíduo como adulto em nossa abordagem e o que diferencia os processos de aprendizagem do adulto e da criança? Relata os estudos que se iniciaram no século XX sobre essa distinção e o termo Andragogia, e traz à atenção o sentido etimológico da palavra. Considera o pensamento de Rogers sobre a conduta do facilitador e a importância de levar em conta o Quadro de Referência[2] de cada pessoa para exercer a compreensão empática. Descreve cinco cenários que demandam por mais facilitadores capacitados a trabalhar com adultos. Apresenta oito barreiras para a aprendizagem e indicação de como rompê-las.

## Capítulo 2: O contrato de aprendizagem

Nesse capítulo, a discussão é voltada para o conceito de "contrato de aprendizagem" e sua importância na consolidação do compromisso mútuo entre facilitador e aprendiz adulto no processo de aprendizagem. O capítulo trabalha com os pressupostos da Andragogia a partir da conceituação de Knowles, Kolb, Schutz e Rogers, apoiados por conceitos da Teoria da Análise Transacional (AT) de Berne, Steiner, English, Silveira, Vieira. É fornecido o conceito de Imago Grupal[3], que serve como quadro analítico interno para o facilitador entender o porquê da prática sugerida para a inclusão dos alunos, seguindo etapas fundamentais que atendem necessi-

---

2. O termo "Quadro de Referência" aqui é grafado com iniciais maiúsculas por ser um conceito da Análise Transacional que trataremos no livro.

3. O termo "Imago Grupal" aqui é grafado com iniciais maiúsculas por ser um conceito da Análise Transacional que trataremos no livro.

dades psicológicas básicas do aprendiz até estarem preparados para a elaboração do contrato.

### Capítulo 3: Os princípios da Andragogia

Examina os princípios da Andragogia como modelo de facilitação na aprendizagem de jovens e adultos. Expõe valores e crenças por trás de cada princípio. Saber isso nos inspira a agir não por seguir regras e mandamentos sem vida, mas como uma força motriz que conduz nossas ações tendo o aprendiz no centro de nosso cuidado principal. Cada princípio é examinado e são compartilhadas estratégias de como colocá-las em prática.

### Capítulo 4: Os elementos do processo da Andragogia – O foco é o aluno

Nesse capítulo, a atenção se concentrará na identificação dos elementos do processo da Andragogia. Fornece um passo a passo na elaboração do planejamento e o plano de aula, tendo o aprendiz como foco. Para cada elemento é fornecido o conceito e o compartilhamento de técnicas práticas de como aplicá-los.

### Capítulo 5: Os estilos de aprendizagem

Discute aspectos importantes sobre os estilos de aprendizagem. O facilitador é convidado a preencher um inventário informal elaborado por Kolb para identificar seu próprio estilo preferencial de aprendizagem. Esse conhecimento ajudará o facilitador a entender as diferentes formas de aprendizagem. Apresenta dicas de como promover a aprendizagem de cada estilo.

**Capítulo 6: O Ciclo de Aprendizagem Vivencial (CAV)**

Apresenta uma ferramenta que amplia o olhar do facilitador sobre o modo como o aprendiz aprende: CAV, recurso que segue os passos do processo de aprendizagem experiencial conforme definidos por David Kolb. Descreve cada passo com seu objetivo dentro do processo. Apresenta sugestões de como fazer o processamento da atividade com perguntas elucidativas para que a Aprendizagem Vivencial faça sentido prático para o aprendiz. Apresenta uma pesquisa realizada com 102 empresas que destaca as consequências da não adesão ao processo sequencial dos passos do CAV.

**Capítulo 7: O fazer da Andragogia à luz de conceitos da Análise Transacional (AT)**

Esse capítulo complementa a perspectiva do uso da Andragogia associada a conceitos da Análise Transacional que nos trazem à consciência a importância de ampliarmos o olhar para o aprendiz adulto, levando em conta a sua especificidade no modo de aprender. Atende ao objetivo de estabelecer uma conexão entre a Andragogia e AT.

Em capítulos específicos como contrato, princípios da Andragogia, elementos do processo da Andragogia, estilos de aprendizagem, ciclo vivencial da aprendizagem pudemos demonstrar a aplicação de conceitos da AT como Imago Grupal, Quadro de Referência, Permissão e Proteção.

Aqui desejamos destacar conceitos: Estados de Ego, Posições Existenciais e Transações à luz da quarta suposição de Lindeman, para compreender aspectos psicológicos passageiros de algumas manifestações comportamentais do aluno adulto em função de seu autoconceito e autoimagem.

No final apresenta um quadro comparativo de tópicos das abordagens contemporâneas da educação, com a inclusão de comentários sobre a AT, ressaltando a sua consistência teórica na educação.

# ANDRAGOGIA: O MODO DE APRENDER DO ADULTO[4]

O que define um indivíduo como adulto? O adulto no âmbito da educação corporativa e de jovens e adultos, sobre a qual queremos compartilhar nossa experiência, é: o profissional qualificado que frequenta cursos de formação continuada ou de especialização; a pessoa amadurecida interessada em aperfeiçoar seus conhecimentos em áreas como artes, línguas estrangeiras ou música, por exemplo; o trabalhador que frequenta programas de treinamento e desenvolvimento no ambiente corporativo para melhorar seu desempenho profissional; o jovem incorporado aos cursos supletivos com a finalidade de concluir o Ensino Fundamental ou o Ensino Médio; o calouro ingressando na universidade; o aluno universitário; o aluno dos cursos de pós-graduação; alunos de programas de ensino a distância (EAD) e *on-line*; líderes e gestores que necessitam treinar suas equipes.

---

4. Texto adaptado do artigo de Carmem Maria Sant'Anna: Andragogia e Análise Transacional – Ampliando o olhar para o aprendiz adulto. **Revista Brasileira de Análise Transacional – Rebat**, anos XXV e XXVI, 2016 e 2017.

Considerando esse público, no que diz respeito ao funcionamento intelectual, o Professor Jesús Palácios afirma:

> [...] as pessoas humanas mantêm um bom nível de competência cognitiva até uma idade avançada (acima dos 75 anos). Os psicólogos evolutivos estão, por outro lado, cada vez mais convencidos de que o que determina o nível de competência cognitiva das pessoas mais velhas não é tanto a idade em si mesma quanto uma série de fatores de natureza diversa. Entre esses fatores podem-se destacar, como muito importantes, o nível de saúde, o nível educativo e cultural, a experiência profissional e o tônus vital da pessoa (sua motivação, seu bem-estar psicológico...). É esse conjunto de fatores, e não a idade cronológica *per se*, é o que determina boa parte das probabilidades de êxito que as pessoas apresentam ao enfrentarem as diversas demandas de natureza cognitiva (PALÁCIOS, 1995, p. 312, apud OLIVEIRA, 2009, p. 199).

Falaremos então de um público com boa probabilidade de êxito ao enfrentar demandas de natureza cognitiva. Algumas características dessa etapa da vida distinguem, de maneira geral, o adulto da criança.

Oliveira (2009) lista algumas características que ilustram a quem estamos chamando de adulto em comparação com a criança:

> O adulto está inserido no mundo do trabalho e das relações interpessoais de um modo diferente daquele da criança e do adolescente. Traz consigo uma história mais longa (e provavelmente mais complexa) de experiências, conhecimentos acumulados e reflexões sobre o mundo externo, sobre si mesmo e sobre as outras pessoas. Com

relação à inserção em situações de aprendizagem, essas peculiaridades da etapa de vida em que se encontra o adulto fazem com que ele traga consigo diferentes habilidades e dificuldades (em comparação com a criança) e, provavelmente, maior capacidade de reflexão sobre o conhecimento e sobre seus próprios processos de aprendizagem (OLIVEIRA, 2009, p. 200).

O adulto tem uma carga maior de subjetividade que é trazida para a sala de aula, fruto de suas experiências e crenças adquiridas ao longo da vida; mesmo que não tenha frequentado uma escola, é detentor de uma sabedoria de vida. Essa por si só já é uma condição importante a ser considerada nas ações de aprendizagem para adultos, que precisam ser construídas de modo diferente daquele destinado às crianças.

## O adulto aprende de modo diferente

As distinções das etapas de vida do adulto em comparação com as da criança formam base para a discussão relacionada a identificar quando começaram os estudos para compreender as peculiaridades do modo de aprender do adulto. Durante as primeiras cinco décadas do século XX, os esforços para formular uma teoria que considerasse as características particulares dos aprendizes adultos foram intensos.

O termo Andragogia foi mencionado em 1921 pelo cientista social alemão Eugen Rosenstock, professor na Academia do Trabalho em Frankfurt. Em seu relatório para a academia, ele expressou a opinião de que a educação de adultos exigia professores especiais, métodos especiais e uma filosofia especial. Segue sua opinião:

> Não basta apenas traduzir os *insights* da teoria sobre educação [ou pedagogia] para a realidade dos adultos [...] os professores devem ser profissionais que possam cooperar com os alunos; só um professor assim pode ser, em oposição a um "pedagogo", um "andragogo" (KNOWLES, 2009, p. 64).

Nas décadas seguintes, educadores de adultos iugoslavos de renome começaram a dar palestras e escrever sobre Andragogia. Faculdades de Andragogia, oferecendo doutorado em educação de adultos, foram estabelecidas nas universidades de Zagreb e Belgrado, na Iugoslávia, e nas de Budapeste e Debrecen, na Hungria.

A Andragogia passou a ser cada vez mais usada por educadores de adultos na França, Inglaterra, Venezuela, Canadá, e várias exposições da teoria da Andragogia e suas implicações para a prática apareceram nos Estados Unidos durante as décadas de 1970 a 1984.

Porém, ainda em 1960 num *workshop* da Boston University foi exposto aos participantes o termo *Andragogia*, anteriormente citado pelo educador Alexander Kapp em 1833, em referência à arte e teoria educacional do filósofo grego Platão, como um conceito que explicava a arte de auxiliar adultos a aprender.

De 1970 a 1984, várias exposições da teoria e suas implicações para a prática apareceram nos Estados Unidos. Foram publicados livros e artigos acadêmicos com relatos sobre a educação no modelo da Andragogia para seguimentos como: trabalho social; educação religiosa, educação universitária e pós-graduação, treinamento gerencial e outras esferas.

Ao se referir a esse período, Knowles (2009) afirmou que existiam evidências de que os conceitos da Andragogia estavam começando a causar impacto sobre a teoria e a prática do ensino fundamental, secundário e superior.

Ideias sobre as diferenças de aprendizagem entre crianças e adultos começaram a ser sistematizadas já em 1926 a partir das pesquisas de Lindeman, que identificou particularidades sobre a aprendizagem do adulto:

> Os adultos são motivados a aprender conforme vivenciam necessidades e interesses que a aprendizagem satisfará; a orientação dos adultos para a aprendizagem é centrada na vida; a experiência é a fonte mais rica para a aprendizagem dos adultos; os adultos têm uma profunda necessidade de se autodirigir; as diferenças individuais entre as pessoas aumentam com a idade (KNOWLES, 2009, p. 45).

Lindeman (1926) acrescenta ainda que os adultos aprendem melhor em ambientes informais, confortáveis, flexíveis e sem ameaças.

Com base nessas pesquisas, Knowles (1950) organizou suas ideias em torno da noção de que o adulto aprende de forma diferente da criança, e desenvolveu seis hipóteses sobre os aprendizes que hoje conhecemos como os "Princípios da Andragogia":

1) Necessidade de saber.

2) O autoconceito do aprendiz.

3) Papel da experiência.

4) Prontidão para aprender.

5) Orientação para a aprendizagem.

6) Motivação.

A aplicação prática desses princípios define, no dizer de Knowles,

> [...] como os programas de educação de adultos estão sendo organizados e operacionalizados, no modo como os professores de adultos estão sendo treinados e na maneira como os adultos recebem ajuda para aprender (KNOWLES, 2009, p. 65).

O impacto das formulações elaboradas por Knowles em torno do conceito da Andragogia pode ser situado no contexto histórico e social da década de 1960. Nas palavras de Knowles:

> A falta de pesquisas nessa área é surpreendente, se considerarmos que todos os grandes mestres dos tempos antigos – Confúcio e Lao Tsé na China, os profetas hebreus e Jesus nos tempos bíblicos, Aristóteles, Sócrates e Platão na Grécia antiga e Cícero, Evelino e Quintiliano na Roma antiga – foram professores de adultos, e não de crianças. As experiências desses mestres aconteceram com adultos e, portanto, eles desenvolveram um conceito muito distinto do processo de ensino/aprendizagem do que aquele que acabaria por dominar a educação formal (KNOWLES, 2009, p. 39).

Ensinar adultos é uma arte milenar, considerando o modo como os mestres da Antiguidade articulavam seus ensinamentos promovendo diálogos que aconteciam com adultos.

O modelo pedagógico, distinto do modelo dos mestres da Antiguidade, evoluiu entre os séculos VII e XII, nas escolas catedrais e monásticas na Europa. Reunia um conjunto de crenças a partir da experiência de ensinar habilidades básicas a meninos. As escolas seculares e públicas do século XIX conheciam apenas esse modelo, adotado nos Estados Unidos e no Brasil após a Primeira Guerra Mundial.

Knowles se refere a esse modelo da seguinte forma: "Os adultos, em sua maioria, têm sido ensinados como se fossem crianças" (2009, p. 66-67). São palavras que retratam a análise feita por Amparo (2012) em seu trabalho sobre a infantilização do ensino na educação de jovens e adultos à luz do modelo de Paulo Freire.

Os estudos de Lindeman, Knowles e Freire revelaram a necessidade de rever a forma de enxergar o aluno adulto. Trabalhar com adultos no papel de facilitador de aprendizagem demanda uma pessoa sensível a essa diferença.

Segundo Knowles (2009, p. 121-122), "o modelo da Andragogia é um modelo processual, em oposição aos modelos baseados em conteúdo. [...] O professor da Andragogia (facilitador, consultor) prepara antecipadamente um conjunto de procedimentos".

Para isso, o autor lista oito elementos do processo da Andragogia que o facilitador pode combinar para organizar as suas ações educativas. São eles:

> 1) preparar o aprendiz; 2) estabelecer um clima que leva à aprendizagem; 3) criar um mecanismo para o planejamento mútuo; 4) diagnosticar as necessidades para a aprendizagem; 5) formular os objetivos do programa (o conteúdo) que irão atender a essas necessidades; 6) desenhar um padrão para as experiências de aprendizagem; 7) conduzir essas experiências de aprendizagem com técnicas e materiais adequados; e 8) avaliar os resultados da aprendizagem e fazer um novo diagnóstico das necessidades de aprendizagem.

Na prática, esses elementos constituem as bases que englobam os conhecimentos da teoria da Andragogia para preparar o plano de aula, tendo o aluno adulto como centro. Os elementos da Andragogia, em sinergia com os seis princípios, fornecem um roteiro do fazer da Andragogia.

O modelo da Andragogia refere-se a um modelo de processo no sentido de que

> [...] o modelo de conteúdo se ocupa de transmitir informações e habilidades, enquanto o modelo de processo se ocupa da provisão de procedimentos e recursos para ajudar os aprendizes a adquirir informações e habilidade (KNOWLES, 2009, p. 122).

Os procedimentos acima descritos fazem da Andragogia um processo de ensino-aprendizagem sustentado em concepções de comunicação clara e efetiva, através de um alto nível de consciência e compromisso compartilhado entre professor e aluno.

O facilitador provê recursos e estratégias vivenciais mediante experimentação ativa – aprender fazendo. Isso leva o aluno a adquirir "informações e habilidades". O facilitador estimula o aluno a criar um repertório de continuidade para prosseguir em sua aprendizagem, pois tanto o aluno quanto o ambiente mudam. O conhecimento não é estático.

O indivíduo é incentivado a aprimorar a capacidade de pensar e fazer conexões com o que sabe ao que aprende no decorrer da vida.

## Sentido etimológico dos termos "Pedagogia" e "Andragogia"

A etimologia da palavra Pedagogia é a junção de duas palavras gregas – *paid*, que significa criança (daí a palavra pediatria, p. ex.), e *agogus*, que significa guia, condutor. Sendo assim, "Pedagogia é a arte e a ciência de ensinar às crianças" (KNOWLES, 2009, p. 66).

Então, nessa linha de pensamento, Knowles divulgou a Andragogia nos Estados Unidos como "arte e a ciência de orientar o adulto a aprender" (1942), como mais uma via da educação.

Trouxe, assim, uma mudança por meio de um processo de aprendizado concentrado no aluno/participante. Isso significa considerar as necessidades e experiências individuais na construção dos objetivos de cada programa, envolvendo todos e visando à consolidação dos temas aprendidos.

Surge aqui, portanto, a necessidade de esclarecer o sentido etimológico da palavra Andragogia, que vem do grego *andrós*, genitivo de *anér* (a pronúncia é anír). Em sua tradução literal, significa "homem", "varão", "marido", "esposo". *Aner* é macho, *andreia* (pronuncia andría) é fêmea. Quando nos referimos à mulher que dá à luz o termo é *gine*, daí a palavra "ginecologia".

Talvez pudéssemos inferir que o uso da palavra se refere ao "gênero humano", mas a palavra grega para esse termo é *anthrópino fýlo*. Assim, segundo Sant'Anna (2013),

> [...] o termo [A]ndragogia não é a contraposição de Pedagogia; *paid* significa criança. A palavra grega para adultos seria *enílikos*[5]. E para adolescente seria *anílikos*. Sendo assim, a ideia geral seria que [a]ndragogia é o contraponto Criança *versus* Adulto. E, na realidade, pela etimologia da pala-

---

5. ZIKÍDU, G.D. **Léxico ortográfico da língua grega da antiga até a atual.** 8. ed. Atenas: J. Sideris, 1969.

vra não é isso que se dá. Então, quando estivermos falando de Andragogia estaremos falando de um caminho educacional que busca compreender o adulto aprendente em sua inteireza e capaz de tomar decisões como um ente psicológico, biológico e social, seja homem ou mulher (SANT'ANNA, 2013, p. 13).

O exame do léxico ortográfico da língua grega antiga até a atual revela que há um equívoco etimológico no uso da palavra Andragogia para se referir a adulto.

Ao usarmos o termo que já ficou incorporado em nosso meio, nós o empregamos para nos referir a um caminho educacional que busca compreender o adulto hoje, um ser humano amadurecido, seja ele homem ou mulher, em sua especificidade no modo de aprender.

Trata-se de uma área do saber e uma prática social com *status* próprio. Uma arte vinculada a muitas ciências como Biologia, Psicologia e Sociologia.

## O papel do facilitador de aprendizagem e sua conduta

O papel do facilitador de aprendizagem é criar um ambiente propício à aquisição de novas informações e, assim, facilitar a aprendizagem. O facilitador vai além daquele que ensina. Ele faz mais do que transmitir conhecimentos; ao contrário, se coloca, se enxerga, se dispõe como alguém que também está aprendendo com o processo. O facilitador-aprendiz reaprende a sua própria prática a cada encontro, porque é alguém que apoia a aprendizagem ligada ao contexto para um aprendiz real, em tempo real, em um mundo real. Inspira o aprendiz para ser o tipo de indivíduo que pode viver num equilíbrio delicado, mas sempre mutável, entre o que é atualmente conhecido e os móveis e cambiantes problemas e fatos do futuro. No dizer de Rogers (1985),

> O único homem instruído é aquele que aprendeu como aprender, o que aprendeu a adaptar-se e a mudar, o que se deu conta de que nenhum conhecimento é garantido, mas que apenas o processo de procurar o conhecimento fornece base para segurança. A qualidade de ser mutável, um suporte no processo, mais do que no conhecimento estático, constitui a única coisa que faz qualquer sentido como objetivo para a educação no mundo moderno (ROGERS, 1985, p. 126).

O facilitador se mostra aberto à discussão, protagoniza debates de ideias porque acredita na capacidade de seus alunos e no seu desenvolvimento. É otimista em relação à possibilidade de aprendizagem dos adultos.

O elemento crítico para desempenhar esse papel é o relacionamento pessoal entre o facilitador e o aprendiz. Isso, por sua vez, depende de o facilitador ter algumas qualidades atitudinais: ser real e genuíno; exibir cuidado não possessivo, estima, confiança e respeito; ter compreensão empática, ser sensível e um bom ouvinte.

Vejamos algumas ideias rogerianas que nos ajudam a compreender seu pensamento referente ao papel do facilitador.

**Autenticidade** – No dizer de Rogers (1985, p. 128), o facilitador se apresenta para seus alunos tal como ele é. Entra em relação com o aprendiz sem ostentar certa aparência ou fachada.

**Apreço, aceitação, confiança** – O apreço ao seu aluno é demonstrado no interesse pelos seus sentimentos, suas opiniões, sua pessoa. Aceita-o em sua individualidade enxergando-o como repleto de potencialidades, por ouvir o que ele tem a dizer. Provê os recursos de busca de informações e confia que seu aluno terá capacidade de buscá-las por si.

**Compreensão empática** – É um elemento que estabelece um clima favorável de aprendizagem. Segundo Rogers (1984, p. 131), quando o facilitador tem compreensão, em seu íntimo, das reações do estudante, tem uma consciência sensível sobre como a educação se apresenta para ele, sem julgamento ou avaliação do tipo "Eu sei o que está errado com você".

Para ter compreensão empática é preciso entender o outro como legítimo, a partir do conceito de Quadro de Referência de cada pessoa. Em 1975, Jacqui Schiff, descreveu:

> O Quadro de Referência de um indivíduo é a estrutura de respostas associadas (condicionadas) que integram os vários estados de ego como reação a estímulos específicos [...] equipa o indivíduo com um conjunto perceptual, conceptual, afetivo e de ação global que é utilizado para definir o self, outras pessoas e o mundo, tanto estrutural quanto dinamicamente (REBAT, 1997-1998, p. 28).

Clarke (1998) descreve como isso passa por diversas camadas de percepções acumuladas sobre si mesma, o outro e o mundo. É preciso compreender empaticamente: qual a capacidade do indivíduo de se permitir incorporar novas informações; que valores e suposições o aluno tem, mas precisa de um tempo para examinar; quais as suposições a respeito de si mesmo e do mundo proveniente de influência e experiências do ambiente familiar; e quais as influências mais profundas que dão origem a respostas à vida de forma automática e inconsciente.

Segundo a autora, essas são considerações úteis porque orientam o facilitador ao escolher estratégias de apresentação de conceitos que desafiam as crenças dos educandos (CLARKE, 1997-1998, p. 28).

Todas essas considerações nos levam a oportunizar uma experiência de aprendizagem cuja metodologia é o aprender fazendo, convivendo, refletindo e respeitando. O aluno conta com um ambiente dinâmico e atrativo, tendo o protagonismo durante o processo da aprendizagem.

Em nossa prática, ao trabalhar com adultos, ressaltamos aspectos relevantes do ensino: envolvimento e participação. É desejável que os alunos sejam implicados; isto é, envolvidos no seu processo de aprendizagem. É desejável que participem desse processo pela busca de suas próprias respostas e opinem sobre o conteúdo, fazendo as conexões entre os conceitos, fundamentos e observações pessoais.

**Experiência** – Qualificar a experiência do aluno estimula-o a refletir sobre seu aprendizado, usando-o como base de suas descobertas. Suas informações, ao serem apreciadas nas discussões em sala, levam-nos a se sentirem valorizados.

Para Rogers, não importa o tanto de conhecimento adquirido, mas o processo significante de como aprender.

Nessa perspectiva, Freire (1996, p. 25) destaca que "ensinar não é transferir conhecimento, mas criar as possibilidades para a sua produção ou a sua construção". Nas condições de verdadeira aprendizagem, os educandos vão se transformando em reais sujeitos da construção e da reconstrução do saber, ensinado e aprendendo, ao lado do educador, igualmente sujeito do processo.

Cabe ao facilitador da aprendizagem verificar quais os pressupostos adequados a uma dada situação. Quando os aprendizes são dependentes, quando não têm experiência prévia na área, quando desconhecem a importância de algum conteúdo do seu trabalho, quando necessitam acumular rapidamente conhecimentos para atingir certas competências; para todos esses casos o facilitador tem a opção de estabelecer uma linha de trabalho em que inicia determinadas aulas no modelo pedagógico, e à medida que o aprendiz avança no entendimento do assunto, passa para o modelo da Andragogia.

Nossa experiência tem constatado o fato de que alguns adultos não conseguem aprender de imediato sem ter uma direção, situação essa que merece atenção.

## Demanda por mais professores capacitados para trabalhar com adultos

A aprendizagem de adultos conta com pelo menos cinco cenários que justificam a necessidade de mais profissionais habilitados para trabalhar com processos de aprendizagem de adultos: 1) analfabetismo; 2) escolaridade insuficiente, levando adultos a voltarem para o ensino básico; 3) Ensino Superior (IES); 4) educação corporativa; 5) Ensino a Distância (EAD) e *on-line*.

Entre os desafios desse cenário, encontra-se a taxa de analfabetização no Brasil, que passou de 6,8%, em 2018, para 6,6%, em 2019, de acordo com dados da Pesquisa Nacional por Amostra de Domicílios (Pnad). Apesar da queda, que representa cerca de 200 mil pessoas, o Brasil tem ainda 11 milhões de analfabetos – brasileiros que não sabem ler ou escrever.

Pela descontinuidade dessa pesquisa nos anos 2020 e 2021, não possuímos dados atualizados, mas sabemos que a redução não está ocorrendo na velocidade esperada: ainda não se alcançou a meta do Plano Nacional de Educação para 2015, que era baixar o índice para 6,5%, a fim de erradicar o analfabetismo até 2024.

As circunstâncias relacionadas à escolaridade insuficiente, outro cenário que leva a um aumento de adultos de volta à escola na busca de qualificação profissional, de empregos, ou para atender a desejos e necessidades da vida.

Nas Instituições de Ensino Superior (IES), os alunos entram calouros e saem bacharéis, licenciados, tecnólogos. Nessa fase de transição de vida, esses alunos não são mais crianças e precisam ser tratados como adultos do ponto de vista da educação.

Já os profissionais que trabalham com educação corporativa são desafiados dia a dia a buscar alternativas, aliando teoria e prática educativa sem perder o foco nas tendências tecnológicas e, sobretudo, no que realmente motiva as pessoas a se desenvolverem.

Que habilidades o profissional da educação precisa desenvolver para entender e atender à especificidade do modo de aprender do adulto no ambiente corporativo? Além desse questionamento, outros são levantados por Knowles:

> Como o aprendizado no ambiente corporativo vem sendo estudado e aplicado na atualidade? Qual o papel do profissional responsável pela área de desenvolvimento de pessoas na definição de metodologias de aprendizado mais eficientes para a organização? Quais teorias de aprendiza-

gem estão sendo adotadas por consultores, programas padronizados e outros recursos externos disponíveis? Que diferença a orientação teórica deles poderia fazer em ações educativas dentro da organização? (KNOWLES, 2009, p. 1-2).

Finalmente, o sistema de ensino a distância nas diversas modalidades virtuais já está presente nos ambientes da educação. O movimento natural é o de que ele ocupe um espaço cada vez maior nos modelos de aprendizagem atuais, durante e após a pandemia.

A experiência das autoras constata que programas educacionais desalinhados dos princípios, elementos e processos de como os adultos aprendem, têm dificuldades de cumprir seus objetivos. Por isso é que vem aumentando a demanda por mais professores capacitados a trabalhar com esse público adulto.

Temos fortes razões para ampliar o nosso olhar para o aprendiz adulto. Isso implica desenvolver atitudes e habilidades já disponíveis por um corpo teórico e prático bem fundamentado nas teorias de ensino e de aprendizagem voltadas para o modo de aprender do adulto.

## Barreiras da aprendizagem

Além dos desafios descritos acima existem barreiras que dificultam a aprendizagem. Elas foram identificadas sobretudo no ambiente corporativo, mas existem muitos paralelos com todo tipo de aprendizagem. Como é possível contribuir para ajudar alunos e professores vencerem essas barreiras?

A partir dos estudos sobre método de laboratório, de Benne, Bradford e Lippitt (1964, p. 38-40), foram isolados alguns fatores que constituem barreiras à aprendizagem de adultos. Antes, vejamos a definição desse método apresentado por Moscovici (1998, p. 5): "Educação de laboratório é um termo genérico, aplicado a um conjunto metodológico visando mudanças pessoais a partir de aprendizagens baseadas em experiências diretas ou vivenciais".

Vamos, então, ver oito barreiras identificadas pelos autores. Após a descrição de cada uma, compartilharemos algumas estratégias que usamos e como temos lidado com reações defensivas no grupo durante atividades vivenciais.

### 1 Busca de respostas fáceis e imediatas

Os padrões educacionais habituais em que os professores se incumbem de dar respostas prontas aos problemas predispõem as pessoas a esperarem pela solução sem esforço nem sofrimento.

*Indicação para o facilitador*: Como superar os choques e as resistências pessoais?

É importante preparar-se psicologicamente para lidar com o choque e a resistência inicial dos alunos. Ao elaborar o conteúdo das aprendizagens, a busca de soluções para os problemas revelados pelo aluno pode ajudar ao praticar a escuta ativa. A indicação é trabalhar com os alunos a sua autonomia para que, aos poucos, eles aprendam a buscar respostas para suas próprias perguntas. Podemos apoiá-los a desfrutar do sabor da descoberta, da produção do conhecimento, além de estimulá-los a aprender como estudar, como pesquisar. Vale propor perguntas investigativas como: "O que você já pensou sobre esta questão?" ou "Pense em duas possibilidades de como este problema poderia ser resolvido". A ideia é apresentar sugestões que ajudem o aluno a buscar recursos internos para encontrar respostas.

## 2 Conflitos entre o familiar e o desconhecido

O conflito entre apegar-se aos padrões habituais de conduta e lançar-se a formas desconhecidas, que até podem ser mais satisfatórias, é especialmente intenso quando a mudança envolve ameaças ao autoconceito ou a percepções dos outros sobre a pessoa.

*Indicação para o facilitador*: Se você, como facilitador, compreender as razões de suas próprias resistências, se envolverá mais nas situações de mudança que a aprendizagem produz no seu aluno.

Permissão[6] e Proteção. São recursos que conduzem os alunos a se permitirem aprender a descobrir as razões de suas resistências e a se envolverem nas situações. Citando Clarke (1997, p. 34-35) e mudando apenas a palavra "líder" para "professor":

> O professor que oferece **Proteção** cria um ambiente no qual as pessoas se sentem livres para realizar, crescer e criar. O professor que dá **Permissão** aos outros interage com as pessoas de tal forma que os encoraja a realizar, crescer e criar (grifos acrescidos).

Sendo assim, algumas perguntas podem convidar à reflexão: "Você sempre pensou assim?", "Quando você começou a pensar dessa forma?", "O que de pior pode acontecer se você

---

6. Permissão e Proteção. Termos escritos em maiúsculas por estarem sendo utilizados aqui como conceitos da Análise Transacional. Permissão (BERNE, 1988, p. 355), Proteção (CROSMAN, 1966, p. 152-154).

experimentar fazer de outro jeito?" E então dê a permissão para pensar diferente: "Você será respeitado e amado pelas pessoas que importam para você ao experimentar a mudança", "Você pode fazer diferente e ser amado e respeitado pelas pessoas".

### 3 Relutância em expor pensamentos e comportamentos aos outros

Sem expor seus sentimentos e pensamentos, o indivíduo não poderá reconhecer mudanças necessárias em seu comportamento, pois as reações dos outros, que poderiam ser úteis ao seu conhecimento, não aparecerão. Numa atmosfera competitiva ou hostil, tal exposição pode trazer para o aluno a ideia de rejeição, perda de reputação ou ridículo.

*Indicação para o facilitador*: Fornecer condições de Permissão e Proteção, encorajadoras para colaboração e confiança entre os participantes, tende a reduzir as ameaças inerentes à autoexposição. O Contrato de Aprendizagem[7], no qual é destacada a importância do sigilo e respeito, é uma ferramenta adequada para instilar a confiança. É útil esclarecer que, no ambiente de sala de aula, nenhuma pergunta ou dúvida será considerada irrelevante. Toda pergunta e todo questionamento serão materiais úteis para avançar no processo de investigação e aprendizagem. Você pode fornecer informações como: "É OK ter dúvidas e fazer perguntas"; "Ninguém sabe todas as coisas"; "Você pode fazer perguntas para aumentar seu conhecimento e merece ser respeitado por isso".

---

7. Contrato de Aprendizagem é objeto do capítulo 2 deste livro.

**4 Reações defensivas resultantes de insegurança individual**

Para que ocorra aprendizagem e mudança é necessário admitir que aprendizagem e mudança possam ser ou são desejáveis. Se o indivíduo defende seus padrões atuais contra quaisquer mudanças, torna-se difícil ou impossível a aprendizagem de novos padrões de conduta.

*Indicação para o facilitador*: Uma atmosfera amigável e de confiança tende a reduzir as reações defensivas individuais. Como estratégia, nos primeiros momentos, são propostas atividades em pequenos subgrupos. Os alunos são convidados a formar duplas ou trios com pessoas que eles já conhecem ou que gostariam de conhecer. Com isso, sentem-se menos expostos. Aos poucos, eles são estimulados a ampliar sua rede de relações participando de subgrupos com outras pessoas. Esse manejo de grupo ajuda a estabelecer um clima de afeto e confiança, por dar a eles algumas garantias de Proteção e Permissão, como: "É OK você ser você, usufruir e buscar amor pelo que é" ou "Você pode ser você e deixar de lado as opiniões dos outros".

**5 Falta de habilidade na avaliação do próprio comportamento**

Se o indivíduo não tem experiência anterior em testar seu próprio comportamento, provocando e avaliando as reações dos outros, ele encontrará dificuldades de participar de situações de aprendizagem que exijam a experimentação e a avaliação dos próprios atos.

*Indicação para o facilitador*: Propor discussões sobre temas conhecidos dos alunos, promover atividades e experiências simples para que vivenciem novos comportamentos e entendam como é a avaliação feita com auxílio dos outros. Importante que seja algo que não constranja a pessoa, não deixe que ela se sinta exposta ou encabulada.

### 6 Falta de estruturas conceituais para planejar a direção da mudança

As concepções sobre a conduta humana como "É a natureza humana" ou "A natureza humana nunca muda" servem frequentemente para fornecer resistências à aprendizagem e para evitar aproximações sistemáticas à mudança que ela produz.

*Indicação para o facilitador*: O facilitador pode trazer a atenção sobre como mecanismos do pensamento humano preservam conceitos e valores que aprendemos há muito tempo que tendem a determinar nossa forma de enxergar a realidade sem pensar em alternativas. São os chamados modelos mentais. Ao examinarmos nosso modo de pensar com a mente aberta, podemos nos permitir e nos surpreender sobre a forma como olhamos para nós mesmos, o outro e o mundo. Ampliamos e modificamos nosso olhar como se fossem enxergar através de lentes limpas, testadas e atualizadas. Mudar nossos modelos mentais ou paradigmas nos ajuda a encontrar soluções para problemas que podem estar fora de nossas experiências vividas. A história está repleta de crenças ou ações realizadas de uma forma, mas, que depois, sofreram mudanças. Por exemplo, invenções como livro, telefone, celular, computador, televisão, lâmpada; o fato de a Terra ser redonda; a criação do ambiente virtual. Todos esses foram pensamentos que precisaram ser modificados pela constatação de outras realidades.

### 7 Hesitação em aceitar ou oferecer ideias que ajudem

Em todo nosso trabalho de Aprendizagem em Laboratório, para a aplicação desse método, grande parte do apoio vem dos próprios participantes. Às vezes, o participante tem receio de se expressar por achar que não tem experiências anteriores ou não reconhece que a experiência dele seja relevante para fornecer tal apoio ao processo de aprendizagem.

*Indicação para o facilitador*: Acreditamos que as pessoas tendem a se expressar quando é criada uma atmosfera de confiança mútua. Caso contrário, os compartilhamentos de ideias dos membros do grupo não serão oferecidos. É apropriado encorajar o intercâmbio de apoio propondo questões simples para discussão. O trabalho da Andragogia emprega o método de laboratório – aprender fazendo – e conta com a participação dos alunos.

Uma palavra de alerta: desencorajamos *feedbacks* pessoais logo no início das ações de aprendizagem porque tendem a aumentar o receio de se expressarem, por desconfiança e insegurança.

### 8 Falta de conexão entre o programa e a utilização posterior

A experiência no treinamento/curso e a vivência em outros grupos podem ser vistas pelos alunos adultos como uma barreira que dificulta a aplicação das aprendizagens do curso à situação real de vida, no lar e no trabalho. Questionamentos que aparecem: "A nossa realidade é bem diferente", "Você não sabe o chefe que eu tenho", "Na empresa o pessoal vai para um curso e nada muda".

*Indicação para o facilitador*: A ideia é construir o programa a partir de um diagnóstico fornecido pelo cliente e compartilhado com os participantes, no momento do levantamento das expectativas e do contrato. Portanto, é importante conhecer e entender mediante o contrato de várias pontas. Isto é, contrato com os atores envolvidos no processo: RH, alta direção, os gestores que estão encaminhando seus colaboradores para o treinamento, se e como promoverão incentivo e clima para que seus colaboradores coloquem em prática o que aprenderão.

É importante que os exercícios, atividades e questionamentos sejam formulados, tendo por base o contexto do aluno adulto. O treinamento precisa, em todo o seu curso, ter conexão com o trabalho e/ou a vida do aluno. Eles precisam primeiro ver a conexão que tal ensinamento tem com seu trabalho. Para isso, é conveniente que todas as atividades vivenciais aplicadas sigam os passos do Ciclo de Aprendizagem Vivencial (CAV) – atividade, análise, conceitualização e conexão. Este tema será tratado no capítulo 6 deste livro.

Podemos afirmar, por experiência, que essas barreiras não são intransponíveis. Trata-se de uma caminhada que já começou e que está dando certo, graças à boa vontade, dedicação, investimento pessoal e compreensão da real necessidade de tantos profissionais dedicados.

# 2

# O CONTRATO DE APRENDIZAGEM

## O que é Contrato de Aprendizagem

O Contrato de Aprendizagem é uma importante ferramenta que o método da Andragogia e a Teoria da Análise Transacional apresentam para auxiliar os facilitadores a manter o foco nos alunos, estimulando-os à autonomia ao tornar a experiência de aprendizagem uma construção colaborativa.

O Contrato de Aprendizagem pressupõe que facilitador e alunos compartilhem suas responsabilidades para que a aprendizagem aconteça.

O Contrato de Aprendizagem permite a criação de um momento de clareza entre o facilitador e os participantes; tanto os papéis como as expectativas das partes podem ser ditos, alinhados e estabelecidos. As perguntas subjacentes e dúvidas não expressas têm no Contrato de Aprendizagem um momento para vir à tona.

No contexto educacional, formalizar um Contrato de Aprendizagem determina um bom começo na relação professor-aluno, funcionando como uma forma de prevenção de futuros conflitos. Na prática, essa ferramenta tende a contribuir para uma relação saudável assumida entre as partes e pode auxiliar na aprendizagem desde o começo.

São três as etapas de construção do contrato, posteriormente detalhadas: 1) inclusão, 2) alinhamento de expectativas e 3) definição de papéis e responsabilidades.

## O que o contrato oferece

O Contrato de Aprendizagem, como já foi dito, tem a finalidade de firmar um acordo entre o facilitador e os participantes de uma ação de ensino aprendizagem. Para entender o que oferece um contrato, aqui vale acolher o que Richard A. Swanson e Sandra K. Falkman (1997) explicam quanto às finalidades do contrato de aprendizagem:

> Os Contratos de Aprendizagem oferecem um veículo para tornar o planejamento das experiências de aprendizagem um **compromisso recíproco** entre aprendiz e seu ajudante, mentor, professor e, muitas vezes, seus colegas. Ao participar do processo de **diagnóstico** de suas necessidades, formulando objetivos pessoais, identificando recursos, escolhendo estratégias e avaliando realizações, **o aprendiz desenvolve um sentimento de propriedade do (e compromisso com) o plano** (KNOWLES, 2009, p. 287-288; grifos acrescidos).

O Contrato de Aprendizagem habilita o aluno a desenvolver um sentido de **propriedade e compromisso** com sua aprendizagem. As bases do processo de aprendizagem são estabelecidas na forma de responsabilidades compartilhadas.

O modelo da Andragogia pressupõe que o facilitador não atua somente como transmissor do conhecimento para uma plateia de ouvintes passivos. Conta com o aluno numa relação ativa, sendo convidado a participar com suas ideias, leituras, dúvidas e experiências. Tudo isso servirá de base para a construção do aprendizado seu e de seus colegas.

O Contrato de Aprendizagem oferece uma oportunidade de tornar o planejamento das experiências de aprendizagem um compromisso recíproco entre o aprendiz e o facilitador.

Na elaboração desse contrato, no início do treinamento em sala, o aprendiz participa identificando suas necessidades de saber e formulando objetivos pessoais, alinhados àqueles estabelecidos pelo plano do curso ou pela organização – quando se trata de programas de treinamento dentro do ambiente corporativo. Combina estratégias, identifica recursos que lhe dão um sentido de propriedade e compromisso com o plano de ensino apresentado.

Para Rogers (1985, p. 157), o contrato oferece ao facilitador benefícios na clarificação e definição dos papéis na relação, pois são "acalmadas as incertezas e inseguranças que podem ser experimentadas".

Quanto aos alunos, mesmo tendo que aprender habilidades e comportamentos exigidos pela profissão que exercem ou cargo que ocupam, precisam atender suas necessidades psicológicas básicas.

Rogers acrescenta que os contratos permitem aos alunos

> [...] estabelecer metas e planejar o que desejam fazer proporcionam uma espécie de experiência transicional entre a completa liberdade para aprender o que seja de interesse e uma aprendizagem que é relativamente livre, mas ainda dentro dos limites de alguma exigência institucional ou requisito de curso (ROGERS, 1985, p. 158).

O contrato dá informações ao aluno sobre sua liberdade e Permissão para aprender; contudo, não os exime dos limites e exigências dos programas ofertados. Essa liberdade apresentada no momento do Contrato de Aprendizagem, além do fato de que os programas de treinamento no ambiente corporativo e ensino formal estão em sua maioria pré-definidos, pode despertar uma sensação paradoxal.

Kolb descreve essa sensação ao relatar algumas expressões apresentadas por alunos como resultado da sessão inicial de contrato: "Por que toda essa conversa sobre nossas [dos alunos] expectativas e coisas do gênero? Você [o instrutor] já está com o curso planejado [...] e o programa pronto!" (KOLB, 1978, p. 32).

Os alunos estão corretos. Para qualquer organização, as linhas gerais ou os objetivos são dados. O que está em consideração aqui é: Que objetivos pessoais o aluno é convidado a conciliar aos objetivos gerais da ação de aprendizagem? Que necessidades de saber pessoais específicas ele vai alinhar com os objetivos da organização?

Os programas de treinamento ofertados no ambiente corporativo e em outros ambientes têm objetivos traçados antecipadamente. Porém, no modelo da Andragogia, a finalidade do contrato é

> [...] clarificar e alinhar os objetivos pessoais do aluno com os objetivos gerais do programa e como o aluno se propõe a se relacionar com os demais participantes e o facilitador para que seus objetivos sejam alcançados. E, sobretudo, esclarecer a responsabilidade do aluno no alcance de seus objetivos. A exploração em torno desses tópicos no início da socialização evita expectativas irreais do aluno e esclarece os papéis do aluno e do facilitador (SANT'ANNA, 2013, p. 20).

Pode acontecer que alguns programas de treinamento no ambiente corporativo tratem de temas com que os profissionais estão de certa maneira familiarizados. Isso pode dar a sensação de que estarão perdendo tempo ao ir para o treinamento, porque acreditam que será uma repetição do que já sabem. Os alunos tenderão a comparecer à sala de aula com pouca disposição.

Por essa razão, temos visto que é importante tornar claro que alguns desses programas de treinamento têm como objetivos o atendimento de exigências de órgãos reguladores, atualizações de fornecedores, revisão de procedimentos, ampliação de projetos ou trocas de experiências que acontecem dentro de períodos determinados para atender a protocolos de segurança.

O facilitador tem a possibilidade de usar os recursos fornecidos pelo método da Andragogia para qualificar a ação educativa, acolhendo as razões dos participantes. Junto com eles, em um trabalho de grupos, ele pode examinar e conferir o que tem sido feito em comparação com a proposta.

Uma discussão em grupo enriquece a forma como os participantes podem entrar em contato com esse tipo de conteúdo, e mediante exames e análise do que está sendo proposto e discussão em grupo, eles podem descobrir o que muda e como farão os ajustes e atualizações propostos.

Esse é um momento determinante da atuação do facilitador na construção das inter-relações aluno-aluno e aluno-facilitador. A forma como o facilitador prossegue na condução do processo tende a aprofundar o diálogo com os participantes e deles entre si, na vivência de um modelo interativo.

O Contrato de Aprendizagem possibilita fugir do modelo tradicional de ensino, no qual o professor faria uma exposição do conteúdo de modo unilateral, sem dar a oportunidade aos alunos de entrarem em contato com o conteúdo proposto, examinarem e poderem conversar sobre isso. A aventura da descoberta em conjunto com seus pares dá significado e entendimento sobre as questões: "O que viemos buscar aqui?", "O que muda e por quê?", permitindo que se obtenha a resposta.

Outra questão que temos notado em nossa experiência é que o adulto, ao se encaminhar para uma experiência educacional, às vezes chega com ideias estereotipadas de que ser aluno implica ser dependente e que seu papel é receber um "ensinamento" pronto e acabado.

Isso pode acontecer em função de modelos mentais guardados em sua memória remota de como deve ser uma "aula" e de como deve se comportar um "aluno". Em geral, eles tenderão a chegar com uma expectativa de aula tradicional; isto é, de que alguém ensine algo para um grupo silencioso que não sabe. Segundo Kolb,

> Os alunos normalmente não estão acostumados a assumir muita responsabilidade pela sua própria aprendizagem. Estão mais acostumados a que o instrutor assuma toda essa responsabilidade. Então, quando confrontados com uma oportunidade de participar no processo de aprendizagem, os alunos quase sempre ficam confusos ("Que jeito é esse de começar um curso?") e suspeitosos ("Gostaria de saber o que ele está querendo com isso") (KOLB, 1978, p. 32).

Defendemos a ideia de que essa primeira reação de estranheza, confusão e desconforto descrita possa contribuir para que o aluno faça um alinhamento de suas expectativas. Mesmo com a desconstrução de crenças limitantes para uma aprendizagem ativa, crítica e participativa, ainda reina uma ideia na mente do aluno sobre o modo de agir como tal, sendo adulto. E qual é o seu papel?

Os resquícios de pensamentos baseados talvez em sua história com experiências sobre aula no modelo tradicional podem vir à tona, e o aluno tende a ter uma atitude de frustração e surpresa, sem entender bem o seu papel.

A paciência e compreensão do facilitador contribuirão para lidar com tais sentimentos, que podem ser passageiros. Seu preparo teórico e técnico-metodológico facilita a condução do processo de ajuste das expectativas preliminares dos alunos para apoiá-los na passagem desses estágios rumo à elaboração do contrato colaborativo de aprendizagem.

Ao ser convidado a compartilhar parte do seu processo de aprendizado, a discutir sobre sua experiência, a pensar sobre si e seus objetivos de aprendizagem, o aluno percebe que suas crenças a respeito do que é ser aluno enquanto adulto estão equivocadas.

Quando, logo no início da aula, o aluno percebe que não está sendo tratado no modelo tradicional, é despertado nele um novo olhar sobre si mesmo, o que eleva a sua autoimagem.

## Aspectos da Teoria dos Contratos, considerando outros atores implicados na relação

Tomando como base os princípios básicos dos contratos que são a autonomia da vontade e a liberdade das partes para estipular o que melhor lhes convier para o êxito no processo de aprendizagem, esse conceito pode incluir outros atores, visando maior harmonia na relação contratual.

Berne, em *Princípios do tratamento de grupos*, trata do assunto "contrato" para regular a relação entre as partes no contexto do tratamento clínico. Vamos utilizar o mesmo pensamento, agora aplicado à área educacional.

> [...] O terapeuta organizacional (educador corporativo) tem dupla responsabilidade: de um lado, a sua organização (consultoria), e de outro seus pacientes (aprendizes). Cada um destes aspectos deve ser esclarecido em separado antes (BERNE, 2013, p. 26).

Berne (2013) fala de três tipos de contrato:

## 1 Contrato administrativo

Este contrato trata dos aspectos físicos e materiais da relação. Tudo o que se refere à estrutura para a manutenção de uma relação de aprendizagem pode estar abrangido no contrato administrativo. O contrato administrativo antecede mesmo a interação com os alunos e envolve outros atores, tais como empresa contratante, direção das instituições de ensino e organizadores dos eventos.

> Visa dar ao consultor o entendimento das finalidades do projeto, bem como as metas da organização. Um conhecimento pessoal e detalhado de todas as diretrizes pertinentes pode evitar problemas com supervisores ou autoridades. [...] Também deve haver entendimento claro e compromissos firmes com relação aos problemas de financiamento pessoal, estrutura física e equipamentos (BERNE, 2013, p. 26).

## 2 Contrato profissional

Trata da meta profissional, enunciada em termos claros e inteligíveis, sobre métodos e teorias aplicadas e resultados observáveis que se esperam alcançar a partir do trabalho do facilitador.

O contrato profissional se refere aos conteúdos objetivos da relação de aprendizagem que está se iniciando. Fazem parte desse tipo de contrato reflexões tais como: "Onde desejo, como aluno chegar com este curso?", "Que objetivos de aplicação desse conhecimento serão atendidos?" "Quais metas da minha vida estarão mais facilmente alcançáveis a partir da aprendizagem obtida aqui?"

Quanto mais claros e explícitos forem os enunciados do contrato profissional, mais claro será para o participante de um treinamento compreender o porquê de ele estar ali.

## 3 Contrato psicológico

Esse contrato trata da relação de aprendizagem em seus aspectos subjetivos e é particularmente mais difícil de ser estabelecido, pois há uma resistência comum de exposição por parte das pessoas.

Berne (2013) cita: "[...] Avaliação feita pelo terapeuta (facilitador/consultor) das motivações ulteriores da administração que influenciarão o destino do seu grupo na organização" (p. 259). Diz ainda: "Refere-se às necessidades pessoais dos supervisores, superiores e colegas, sobre as quais eles mesmos podem não estar cientes" (p. 26). É importante "se familiarizar com alguns dos 'jogos' habitualmente utilizados por pessoas que trabalham em instituições" (p. 27).

O autor menciona, portanto, aspectos que podem influenciar no contrato psicológico, pois são expectativas de pessoas que não estão necessariamente presentes na ação de aprendizagem, bem como dos participantes não voluntários de um treinamento corporativo que foram "enviados" para o treinamento a partir da avaliação de seus gestores.

É com o contrato psicológico que as necessidades dos presentes ao treinamento, suas reais expectativas e motivações são levadas em consideração. O contrato psicológico é realizado de modo franco e aberto entre o facilitador e seus alunos, criando uma base de vínculo muito importante para a aprendizagem com retenção do conhecimento e adesão às novas práticas.

English (1975) trata das múltiplas facetas dos contratos em seu artigo intitulado "Contrato de três pontas". A autora enfatiza a importância de contratos claros com diferentes atores da organização para prevenir possíveis problemas com o treinamento.

Ela traz à atenção um ponto muito importante nos Contratos de Aprendizagem: o fato de que muitas vezes o contrato não será feito só entre o facilitador e seus alunos, mas haverá "outras pontas". É fundamental que tais agentes que também contratam objetivos de aprendizagem tenham oportunidade de tornar claros os resultados que almejam. É um exercício de tornar o "não dito" explícito para todos os envolvidos na relação.

A menção a jogos psicológicos feita por Berne (2013) fica mais evidente ainda nessa reflexão proposta por English (1975), pois o conceito de jogo psicológico na Análise Transacional torna claro o potencial de ação das pessoas no modo "não consciente"; ou seja, para atender uma necessidade não dita, engaja-se numa ação com objetivo diferente, nutrindo expectativas não explícitas.

Silveira (2011), no artigo "Contrato para intervenção organizacional e desenvolvimento de pessoas", apresenta um estudo sobre contrato que se dá entre uma organização e uma consultoria que atua em treinamento e desenvolvimento de pessoas, visando à aquisição de conhecimentos e habilidades para a efetivação de mudanças organizacionais.

A autora discorre sobre a aplicação, na área organizacional, do conceito da teoria da Análise Transacional sobre contrato, originalmente direcionado para a área clínica, apresentando práticas que colaboram para o alcance de resultados. Conclui que os contratos para as duas áreas apresentam aspectos comuns, de acordo com os conceitos da Análise Transacional, e salienta aspectos que contribuem para a relação construtiva entre as partes.

## Requisitos básicos do contrato, segundo Claude Steiner

Para que um contrato seja aceitável, precisa atender a, pelo menos, quatro requisitos básicos, segundo Steiner (1974, p. 228-234):

- consentimento mútuo;
- compensação válida;
- competência;
- objeto legal.

O objetivo do contrato (ou combinado, acordo, não importa a terminologia), para fins de seu uso na educação, é colaborar com os alunos para que assumam uma maneira de ser/estar, de tal forma que sejam capazes de se relacionar com consciência, espontaneidade e confiança, exercitando sua Autonomia.

Para ser gerado um Contrato de Aprendizagem que satisfaça o consentimento mútuo, é necessário que ambas as partes sejam capazes de especificar aquilo que estão consentindo.

Se o aluno for apoiado pelo facilitador a descobrir por si mesmo qual o seu *gap* – isto é, sua necessidade de saber – terá condições de preencher uma das primeiras "cláusulas" do Contrato de Aprendizagem, que é o objetivo de aprendizagem. Por parte do facilitador, é necessário propor estímulos e a criação de um ambiente apropriado para a aprendizagem. Da parte do aluno, assumir-se como responsável por sua aprendizagem – entender-se como o dono do *ato* de aprender.

É importante que o Contrato de Aprendizagem se baseie numa compensação válida; ou seja: esclarecer os benefícios conferidos aos envolvidos. O benefício atribuído ao professor é a conduta competente de ajudar a resolver a necessidade de aprendizagem reconhecida e identificada pelo aluno. O benefício obtido pelo aluno acontece quando uma necessidade identificada esteja sanada.

Quando uma necessidade de aprendizagem for identificada de forma comportamental e observável, e ambos concordarem que o problema descrito não se encontra mais presente, cada um terá levado sua compensação.

O contrato precisa contemplar também a competência. Isto é, é necessário que as pessoas envolvidas sejam capazes e competentes para assimilar e realizar o que combinaram.

Como objeto legal, entende-se que aquilo que vai ser ensinado e aprendido não tenha objetivos contrários à lei e aos costumes lícitos.

## Etapas do Contrato de Aprendizagem: inclusão

O Contrato de Aprendizagem obedece a três etapas:

- inclusão;
- alinhamento das expectativas;
- definição de papéis e responsabilidades.

Iniciaremos falando sobre a necessidade interpessoal da inclusão: a vontade de ser incluído manifesta-se como desejo de atenção, de ser distinto dos demais, de pertencer. Segundo Schutz (1989, p. 105), "os membros de um grupo só aceitam se integrar depois que certas necessidades fundamentais são satisfeitas pelo grupo". São as chamadas "necessidades interpessoais". Em suas pesquisas, o autor identificou três delas: inclusão, controle e afeto.

Subjacente às condutas nas três áreas, flui o autoconceito; ou seja, o modo como alguém realmente sente a seu próprio respeito. O autoconceito geralmente é em parte consciente e em parte inconsciente. O comportamento do aluno é determinado pelo modo como ele se sente como pessoa.

Ao se atender à necessidade de inclusão dos participantes no início de um grupo, pode-se evitar perturbações ao funcionamento grupal, lidando com as outras necessidades: a de controle e a de afeto, conforme identificadas pelo autor.

A falta de atenção ao processo de inclusão tende a deixar as pessoas, mesmo que convivam há muito tempo em um grupo, com o sentimento de que "não pertencem" verdadeiramente ao grupo.

A inclusão dos participantes no processo da formação grupal geralmente ocorre na forma da primeira questão interpessoal na vida de um grupo. É quando o participante decide se quer fazer parte de um grupo, se quer ficar dentro ou fora.

No modelo da Andragogia, como o facilitador pode fazer na prática nessa etapa tanto no ambiente presencial como virtual? Que benefícios se pode colher ao dar atenção à etapa de inclusão?

Para manter um clima cada vez mais seguro entre os participantes, após as primeiras palavras de boas-vindas e diálogos que promovem um ambiente de aceitação, é indicado que se proponham algumas atividades iniciais simples e dentro do contexto dos alunos com a finalidade de preparar um cenário que os ajude a modificar gradativamente pensamentos inquietantes comuns nos primeiros minutos de sua inclusão no grupo.

Na prática, no ambiente presencial, têm-se resultados positivos quando os participantes são recebidos com a sala arrumada em círculo, se possível apenas com as cadeiras. O facilitador deve sentar-se junto com os participantes, promovendo uma conversa amistosa e amena, adequada para os primeiros momentos do encontro. Nessa ocasião, propor diálogos entre eles para estabelecerem relações e formarem alianças permite avançar no processo de inclusão. Trabalhos em subgrupos são muito úteis nessa etapa, para que os participantes tenham a oportunidade de estabelecer vínculos.

Nos ambientes virtuais, essa etapa de inclusão se dá de modo diferente, com adaptação de técnicas. Vários meios de interação podem ser utilizados para receber os participantes e pedir que eles se expressem nesses primeiros momentos:

- Falar abertamente no grupo, com a câmera ligada ou não.

- Usar os chats dos aplicativos de videoconferência.

- Usar as reações com *emojis*, disponíveis na maioria das ferramentas de videoconferência.

- Realizar atividades com aplicativos de interatividade que permitam criar nuvens de palavras ou agrupamento do texto digitado pelos participantes.

- Fazer uma enquete utilizando os recursos da videoconferência ou outros de aplicativos de interatividade.

- Utilizar salas simultâneas para discussão em subgrupos.

Vale frisar que a necessidade dessa etapa é idêntica no ambiente presencial e virtual. Assim, não é possível ignorá-la e pular para os conteúdos.

Para conduzir o processo de inclusão no início das ações de aprendizagem num cenário novo para todos – ou seja, a prevalência de aulas em ambiente virtual – é preciso lidar com a evidente necessidade de cada um cuidar de si e do outro, ouvir e ser ouvido, e fortalecer-se nos vínculos de afeto e aprendizado mútuos. Fomentar a entreajuda, a conversa e o diálogo por meios virtuais é uma das mais importantes diferenças entre uma aula bem-sucedida e uma aula apenas conteudista.

Para as ações de aprendizagem em ambientes virtuais, fica perceptível uma nova necessidade na etapa de inclusão, que é a inclusão digital dos alunos. Esse movimento precisa ser realizado antes dos encontros em sala de aula e se trata de preparar os alunos para adquirir a capacidade de transitar no ambiente virtual. Passa a existir uma dupla necessidade de inclusão dos participantes. Eles precisam ser apresentados aos comandos mínimos dos aplicativos e ferramentas virtuais que serão utilizadas nas aulas.

O não se sentir apto para participar de aulas no ambiente digital pode ser uma fonte de grande frustração e diminuição do autoconceito dos alunos. Essa ação antecipada, a inclusão digital passa a ser mais uma tarefa do facilitador interessado na aprendizagem do seu grupo.

Assim, a etapa de preparar o aluno demanda tempo e esforço para perceber quais as necessidades dos alunos *antes* da aula. Algumas sugestões nesse sentido são:

- Comunicação com os alunos, por e-mail ou mensagens de texto, informando quais aplicativos serão usados e orientações quanto à instalação desses, bem como a necessidade de conexão.

- A criação de grupos em aplicativos de mensagem pode ser muito útil para dar informações sobre a aula e também gerar integração entre os participantes antes do curso.

- Realização de um evento com os participantes para praticar o uso dos aplicativos e ferramentas que serão utilizados no curso ou aula. Essa estratégia pode ajudar as pessoas a se familiarizarem com os aplicativos de videoconferência (abrir e fechar a câmera, habilitar e desabilitar os microfones, entrar e sair de salas simultâneas).

É valido refletir que são muitos os aplicativos e ferramentas utilizados na aprendizagem em ambientes virtuais, e mesmo participantes que estão habituados a determinadas ferramentas podem não conhecer outras. Portanto, sempre será útil fazer essa inclusão antecipada; ou seja, preparação do aluno para que ele se sinta à vontade para aprender, livre de ansiedades em relação à tecnologia.

Além desses aspectos da tecnologia relativos à inclusão, é valido ter em mente que as pessoas precisam ser deixadas à vontade para falarem sobre o momento em que estão vivendo, sobre suas experiências e expectativas na aprendizagem nos ambientes virtuais. Essa atitude do facilitador contribui para que os participantes cheguem para o primeiro encontro com parte de suas necessidades relacionais atendidas, ao se tornarem habilitados a participar de atividades interativas simples de boas-vindas com desenvoltura, contando com a colaboração de colegas dispostos a ajudar nas questões que envolvem o ambiente virtual.

No círculo em sala presencial ou na tela com algumas câmeras fechadas, há a liberdade de todos se olharem e ocuparem uma posição de igualdade e acolhimento.

No ambiente presencial, a disposição das pessoas no espaço, em círculo, é fundamental para transmitir uma poderosa mensagem de aceitação. No decorrer do período, isso serve para fortalecer uma relação que favorece a formação de vínculos e confiança mútua – importantes ingredientes no processo de aprendizagem.

O facilitador promove um ambiente que facilita a criação de vínculos e confiança ao convidar os alunos para se expressarem de forma não ameaçadora sobre temas simples e conhecidos.

Um começo que pode contribuir é pedir que eles falem sobre temas do seu cotidiano em geral, tal como alguns sugeridos aqui:

- Como estão chegando.
- Seu dia a dia.
- Suas atividades.
- Os desafios que enfrentam em determinadas situações.

- Como está sendo o uso de determinada ferramenta.
- O que tem facilitado e o que tem dificultado sua tarefa.
- Como pensa que o tema do curso o ajudará.
- Que aspectos do curso chamou sua atenção.

A partir da escolha de uma ou mais das perguntas acima descritas, os alunos podem falar de forma não ameaçadora por sentirem a demonstração de nosso interesse sobre eles e seu trabalho.

Esses diálogos preliminares podem ser realizados em subgrupos, o que representa menor nível de exposição e prepara os alunos para se relacionarem entre si. A proposição de temas relacionados ao trabalho deles ou ao curso contribui para que direcionem e despertem a curiosidade mútua pelo tema do programa.

A carga horária do curso determinará o tempo dedicado à inclusão dos participantes. O importante é não ignorar essa etapa, evitando começar logo com o conteúdo, sem considerar as necessidades psicológicas mínimas dos alunos de serem olhados como pessoas.

O conceito de Imago Grupal é muito útil para entender esse momento da vida dos alunos em grupo. O objetivo é apoiá-los a trilhar os quatro estágios de sua "Imago Grupal" rumo à fase em que, de forma efetiva, se dará a aprendizagem do conteúdo.

Imago Grupal é um conceito da Análise Transacional e diz respeito à imagem mental das relações dinâmicas entre as pessoas no grupo, incluindo o facilitador, e é particular a cada indivíduo presente no grupo a partir de sua maneira própria de ver, sentir e reagir diante de seus conceitos e sua visão de mundo. É definido como

[...] qualquer retrato mental, consciente, pré-
-consciente ou inconsciente do que um grupo é
ou deveria ser. No decorrer do processo grupal, a
Imago Grupal passa por quatro fases ou estágios:
**provisória** – antes de ingressar no grupo ou antes
da ativação deste, baseada em fantasias modifica-
das de acordo com o grupo; **adaptada** – superfi-
cialmente modificada de acordo com a estimativa
do membro em relação à realidade com a qual
se confronta; **operativa** – modificada de acordo com a percepção do membro de como ele se
ajusta na imago do líder; **secundariamente ajustadas** – a fase final, na qual o membro desiste de
algumas inclinações próprias em favor da coesão
grupal (BERNE, 2011, p. 236).

Para apoiar os alunos em sua passagem pelas primeiras
fases da Imago Grupal, descritas por Berne (2011), em nossa
prática costumamos promover um debate, começando com
a seguinte questão: "Como estão chegando para este curso?"

Esta pergunta às vezes leva o grupo a dar respostas
como: "cansado", "o trânsito estava ruim", "de carona", "de bi-
cicleta", "com sono" etc. São interações comuns que determi-
nam o início dos contatos.

A pergunta tem a finalidade de convidar para que se
expressem de forma livre, para que possamos ter uma ideia
sobre o estado de ânimo com que estão chegando para a aula,
seu nível de interesse, disposição e curiosidade.

Mediante suas respostas temos um indicativo de que é
possível estarem com sentimentos e emoções comuns das fases iniciais de sua Imago Grupal. Não é preciso fazer comentários sobre essas respostas. Você tem em mãos o diagnóstico
do estágio do grupo. Sua tarefa é ajudá-lo a avançar.

Em nossa prática, depois que passam esses poucos minutos, aproveitamos para falar sobre o programa e nos apresentamos brevemente.

Em seguida, apresentamos uma atividade a ser realizada em subgrupos. Em duplas ou trios organizados entre eles segundo suas preferências iniciais, a tarefa é discutir sobre um tema como: "Qual a importância do tema deste curso para a minha vida profissional e pessoal" ou "Aonde desejo, como aluno, chegar com este curso?" Além de discutir, os participantes podem aproveitar para se apresentarem. Depois os subgrupos compartilham as reflexões e anotamos os pontos considerados por eles sobre o curso – em uma folha de *flip*, se for no ambiente presencial, ou num recurso de *board* interativo *on-line*, no ambiente virtual –, com a finalidade de fomentar trocas com os alunos na elaboração do Contrato de Aprendizagem.

Essa discussão contribui para que os alunos direcionem o pensamento sobre o tema a ser tratado. Nesse momento, os participantes tendem a ter dissipado alguns sentimentos e fantasias de quando entraram no grupo, podendo modificar seus sentimentos e partir de avaliações a respeito dos outros alunos, pela observação destes durante as primeiras interações e as apresentações da síntese do trabalho que fizeram para o grande grupo.

Dessa forma, o grupo é conduzido de maneira suave na passagem das fases provisórias e adaptada da imagem que formavam do grupo rumo às fases operativas e secundariamente ajustadas, quando há maior predisposição dos membros a desistirem de algumas inclinações próprias em favor da coesão grupal.

## Etapas do Contrato de Aprendizagem: alinhamento de expectativas

Depois da condução dos primeiros diálogos, seguimos com a etapa seguinte: alinhamento de expectativas. Para esta etapa, perguntas mais específicas sobre o que os participantes esperam do treinamento precisam ser feitas. Este momento tem profunda integração com os outros conceitos da Andragogia. É aqui que o facilitador pode se aproximar dos anseios dos seus alunos de modo franco.

Seguem algumas sugestões de perguntas para usar neste momento:

1) O que já sabem sobre esse assunto?

2) O que pretendem agregar ao que já sabem?

3) Como pretendem contribuir para obter a aprendizagem que vieram buscar?

4) Quais podem ser os fatores desfavoráveis para o nosso processo de aprendizagem?

5) Que ações farão para neutralizar aspectos que dificultarão a aprendizagem?

6) Que perguntas você deseja fazer para nós no papel de facilitadoras?

A consideração das respostas para cada pergunta, uma de cada vez, com trocas para esclarecer o sentido e o entendimento do conteúdo que geraram ajudam a explicitar as expectativas de todos. Nesse momento, pode-se também ser claro quanto às expectativas que *não* serão atendidas por aquele curso ou aula.

No ambiente presencial, a sugestão é que as perguntas e as respostas dadas pelos participantes sejam anotadas à vista de todos, com a utilização de folhas de *flipchart*, por exemplo. Essas folhas serão um material do grupo e podem ficar expostas durante toda a ação de aprendizagem.

No ambiente *on-line*, as mesmas estratégias sugeridas na etapa de inclusão (chats, enquetes, reações com *emojis*) são válidas para o levantamento de expectativas, caso os participantes não estejam com câmeras e microfones abertos. Além desse recurso, o ambiente *on-line* permite a utilização de quadros colaborativos nos quais os participantes podem editar em tempo real junto com o facilitador os painéis com as perguntas e as respostas do levantamento de expectativas.

Mais uma vez, é bom lembrar que as respostas para as expectativas precisam ser anotadas e guardadas, pois serão base para outros momentos do curso. Esse material pode ser revisto diversas vezes durante o curso. É importante que a construção gerada fique disponível até o final do programa e que, ao final de cada dia, sejam conferidos os assuntos tratados. Os temas atendidos são, então, riscados pelos alunos. Essa é uma produção do grupo que faz o acompanhamento do processo e do programa.

Com as respostas à questão 1 o facilitador tem importantes informações sobre as expectativas dos alunos, momento oportuno para alinhá-las e informar, caso surjam expectativas que não serão atendidas no curso.

Com as respostas à questão 2 o facilitador obtém informações sobre o nível de conhecimento prévio do grupo, a listagem dos temas que mais precisarão de aprofundamento. Com essas informações, o facilitador pode ajustar seu plano de aula, considerando seu planejamento e atendendo às demandas apresentadas pelos alunos em primeiro lugar.

Nas questões 3 a 6 é definido o papel do aluno no compromisso que assume para conseguir o que veio buscar. São pontos muito importantes e que costumam gerar algum desconforto em certas situações de aprendizagem, pois, de um modo geral, a expectativa é que aula seja unilateral e essas perguntas coloquem os participantes no papel de protagonistas.

É com essa etapa tão importante que é possível dar autonomia e espaço para a atuação do adulto, que não será meramente conduzido ao caminho da aprendizagem, mas convidado a construir seu próprio caminho.

## Etapas do Contrato de Aprendizagem: definição de papéis e responsabilidades – fechamento do contrato

Depois de realizado o levantamento de expectativas, é o momento de propor ao grupo as reflexões que irão gerar a definição de papéis ou o Contrato de Aprendizagem. Mais uma vez, essas perguntas podem gerar algum desconforto, e muitas vezes o grupo segue em silêncio, pois não estão habituados a se perceber e atuar como protagonistas nas situações de ensino e aprendizagem.

Para este momento temos a sugestão das seguintes perguntas:

1) Que atitudes e comportamentos durante o curso são desejáveis para que nossa convivência seja produtiva?

2) O que poderá atrapalhar esta aula ou curso?

3) O que podemos fazer para neutralizar o que pode atrapalhar a aula?

4) O que será permitido durante a aula?

5) O que será proibido durante a aula?

As respostas a estas perguntas geram a estrutura e organização dos intervalos, horários, sigilo, regras e normas aceitas por todos durante o curso.

No contrato de convivência em geral os alunos citam também: respeito pelas ideias dos colegas, cumprir os horários, não sair durante as atividades, evitar conversa fora do assunto tratado, fazer perguntas, compartilhar ideias e experiências, participar, condições de uso do celular.

No ambiente virtual também é importante combinar as regras básicas que guiam a convivência das pessoas na internet, para facilitar a comunicação no ciberespaço. Inclui combinados sobre o uso de câmeras e microfone como instrumentos que facilitarão a aprendizagem e a interação entre alunos e facilitador.

Vale esclarecer a importância de se colocar a necessidade do *sigilo* como fator de atenção. O que acontece no grupo é dele, dentro do seu contexto. Espera-se que não se façam, fora dali, comentários sobre as pessoas e o que compartilharam: sentimentos, desabafos e outras expressões. A falta de compromisso com o sigilo interfere na dinâmica grupal, pois o elemento fundamental da relação grupal é a confiança e o respeito para promover a aprendizagem.

Os contratos não são estáticos; podem ser revalidados a qualquer momento. Quando os alunos ainda estão envolvidos em suas fantasias e inseguranças próprias das primeiras fases de sua inclusão no grupo, podem concordar com algo sem pensar de forma crítica. Conforme o andamento do curso, o Contrato de Aprendizagem e de convivência pode ser revisto para melhor atender ao processo de aprendizagem.

Finalmente, é ideal combinar de que forma irão agir quando perceberem descumprimentos do que está sendo combinado.

Alguns aspectos sobre a carga horária destinada para realizar essas etapas são: o Contrato de Aprendizagem, cujo conteúdo é esclarecer as relações de corresponsabilidade entre professor-aluno; o alinhamento das expectativas e o de convivência, cujo conteúdo é esclarecer as normas de convivência. Não há necessidade de muitos itens.

Geralmente, para um programa de 16 horas o tempo que se investe na elaboração do contrato é o equivalente às horas que antecedem ao primeiro intervalo.

Para cargas horárias menores, às vezes o tempo disponível é tão limitado, que a solução é preparar de antemão uma apresentação com os pontos relevantes e dialogar com os alunos.

No ambiente virtual há opções de ferramentas de interação com utilização de enquetes em que as pessoas podem se expressar como estão chegando.

Para a realização de um contrato rápido no ambiente virtual pode-se preparar de antemão um quadro com as imagens ilustrativas dos itens; por exemplo:

- câmera aberta;
- microfone bloqueado;
- expressar ideias no chat ou microfone;
- participações ativas nas salas;
- identificar-se;
- zerar o som do celular.

Algumas ferramentas de videoconferência permitem que se compartilhe essa tela; os participantes da reunião podem interagir inserindo símbolos que representem sua concordância com o tema (coraçãozinho, estrelinha ou outro símbolo). É uma atividade simplificada de contrato que pode ser realizada em menos de 5 minutos.

O importante é que exista esse momento com o grupo com a finalidade de, à medida que se conduz as atividades dentro do tempo disponível, incluir e ajustar as expectativas e os sentimentos de pertencimento no grupo e estabelecer os papéis de facilitador e aprendiz.

## A importância de explicitar o implícito

É necessário finalizar destacando um pouco mais o sentido do contrato psicológico como fenômeno psicossocial que ocorre quando se constroem vínculos não formais; isto é, não explicitados.

Isso envolve os aspectos psicológicos e emocionais, contribuindo para mudanças no pensar e no sentir. No ambiente corporativo, segundo Berne (1965, p. 24), "refere-se às necessidades pessoais dos supervisores, superiores e colegas, das quais eles mesmos podem ou não estar cientes, mas que são acessíveis no âmbito do terapeuta". Em nosso caso, na educação, no âmbito do facilitador ou professor.

Trazendo o pensamento do autor para o contexto da educação, trocando a palavra "terapeuta" por professor/facilitador de aprendizagem, o profissional não pode ignorar a existência de processos e sentimentos encobertos no ambiente de sala de aula, pois, se não reconhecidos e trabalhados, tendem a constituir barreiras à aprendizagem.

O contrato psicológico, na visão de Vitor Vieira (2007), depende da perspectiva subjetiva das partes, sem que ambas tenham noção exata do que é esperado de cada um.

Para falar sobre esse tipo de contrato, o autor, em seu estudo sobre a relação entre contratos psicológicos e o processo de comunicação no contexto organizacional, aqui aplicando ao contexto da educação, afirma:

> Tudo o que se diz e se faz vai sofrer uma interpretação. A qualquer ação humana é inerente uma consequente interpretação, pelo que estamos sempre a comunicar. [...] Quando falamos em comunicar (dizer, fazer) não podemos esquecer os três princípios-base determinantes da comunicação: o que, quando e onde (VIEIRA, 2007, p. 6).

Um exemplo concreto: um aluno vem para o curso de Formação de Facilitadores com algumas crenças e esperanças sobre o que lhe deve ser "ensinado". Para ele, é tão óbvio o que acha, pensa ou acredita que vai receber, que pode nem aproveitar o momento inicial de alinhamento das expectativas para conferir.

Na sua interpretação, ele acha lógico que aquilo que espera terá de ser concedido, porque acredita que isso lhe é devido. Quando termina o curso, na hora da avaliação, ele expressa sua frustração e diz, geralmente como uma vítima consumada da má sorte: "Eu esperava que neste curso iria aprender a preparar os *slides* (PowerPoint) e desenvolver a arte de falar em público". Note que tal expectativa estava na mente do aluno e não foi comunicada.

No ambiente de aprendizagem é imprescindível que sejam alinhadas as expectativas para afastar os fantasmas e fantasias que cada um pode trazer. A comunicação precisa ser clara entre professor e aluno. Esclarecer o que será e o que não será atendido no programa ofertado.

Novamente Vieira descreve como se constrói o contrato psicológico a que se refere:

> [...] é sempre unilateral, uma vez que é determinado pela crença do sujeito de que ao interagir com a organização está a desenvolver determinado tipo de compromisso, determinados tipos de acordos. [...] porque as pessoas têm limites cognitivos e diferentes quadros de referência. É de esperar que diferentes interpretações sejam feitas pelas partes, as quais acreditam que as suas promessas foram acordadas mutuamente (VIEIRA, 2007, p. 79).

Outro exemplo, olhando para o ambiente corporativo: um funcionário pode desenvolver a crença de que, chegando todos os dias antes do horário do expediente e saindo depois que todos já foram embora, ele poderá receber uma promoção. Acredita que seja isto que o gestor espera dele: ser esforçado.

Em determinado momento, um de seus colegas é promovido, e ele fica perplexo. Indignado com o chefe, sente-se injustiçado e traído porque, na cabeça dele, o chefe o "enganou", já que houve uma "promessa"; afinal, o chefe "aprovava" o esforço dele, até passava tarefas a mais para ele fazer depois do expediente. Ele contava com uma promoção se continuasse a agir da maneira que estava agindo. Note que, pela falta de alinhamento das expectativas, gerente e funcionário atuaram de uma forma que resultou no "contrato psicológico".

São comportamentos que demonstram crenças e valores implícitos, não revelados, não combinados, mas que, na relação chefe-subordinado, manifestam-se como um contrato psicológico em que cada um faz as coisas sem que se fale nelas, dando margem a interpretações equivocadas. A frustração gerada traz prejuízos emocionais consideráveis.

Uma comunicação clara, aberta e franca tende a alinhar as expectativas e afastar esperanças equivocadas; isto é, esclarecer o que cada um está entendendo quando se diz ou não se diz e quando se faz ou não se faz algo.

Podemos afirmar com alta probabilidade de acerto que o Contrato de Aprendizagem pavimenta o caminho para que facilitador e alunos se organizem numa interação que resulte na aprendizagem.

O foco primário é o aluno. A aprendizagem do conteúdo ocorrerá na relação interpessoal entre professor e aluno. O professor passa a ser um facilitador, um agente de mudança que prepara um conjunto de procedimentos para envolver o aluno, seguindo os princípios e elementos do processo da Andragogia.

# 3

# OS PRINCÍPIOS DA
# ANDRAGOGIA

Os princípios fundamentais da Andragogia relacionados por Knowles (1970) têm valor inestimável para tornar o processo de aprendizagem propício para adultos e agradável e satisfatório para o facilitador, que pode ver seus alunos aplicando o conhecimento em suas vidas.

Os seis princípios são organicamente interligados, e vários deles se relacionam entre si e podem ser aprofundados em sua aplicação ao se usar outras ferramentas da Andragogia. No capítulo 4 será abordado o tema dos elementos da Andragogia e, ao final dos capítulos 3 e 4, será possível ter um panorama das interligações dessas duas ferramentas.

O ponto forte dos princípios da Andragogia é que eles podem ser aplicados a todas as situações de aprendizagem de adultos envolvidos pelo contexto das diferenças individuais, situacionais, objetivos e propósitos da aprendizagem. Afinal, o método da Andragogia é o ensino focado no aluno, levando em conta sua experiência, motivação, autoconhecimento e Quadro de Referência que, segundo a AT, é a estrutura de respostas associadas (condicionadas, vias neurais) que integra os vários estados do Ego em resposta a estímulos específicos. Equipa cada indivíduo com um conjunto perceptual, conceptual, afetivo e de ação global, que é utilizado para definir o Self, outras pessoas e o mundo.

Um aspecto que chama a atenção ao se estudar os princípios da Andragogia é que seus fundamentos têm quase 100 anos de idade. Lindeman (1926) identificou várias suposições básicas sobre os adultos aprendizes. Segue um resumo das suposições principais por ele elaboradas:

> 1) Os adultos são motivados a aprender conforme vivenciam necessidades que a aprendizagem satisfará.
> 2) A orientação dos adultos para a aprendizagem é centrada na vida.
> 3) A experiência é a fonte mais rica para a aprendizagem dos adultos.
> 4) Os adultos têm uma profunda necessidade de se autodirigir.
> 5) As diferenças individuais entre as pessoas aumentam com a idade (KNOWLES, 2009, p. 45).

Estas suposições foram comprovadas por pesquisas posteriores e compõem os fundamentos da teoria de aprendizagem de adultos.

A partir dessas suposições Knowles (*c.* 1945) partiu para construir os seis princípios da educação de adultos, conforme listados:

> 1) necessidade de saber;
> 2) autoconceito do aprendiz (autodireção);
> 3) experiência do aprendiz;
> 4) prontidão do aprendiz (tarefas cotidianas);

5) orientação para a aprendizagem (foco em problemas);
6) motivação para aprender (interna) (KNOWLES, 2009, p. 150).

Estes princípios, quando aplicados, permitem profunda Autonomia no aprendizado por parte dos alunos e os coloca no foco da aprendizagem, tirando a responsabilidade do professor de ser a "fonte do saber". Infelizmente, até os dias de hoje, muitas ações de aprendizagem e treinamento para adultos ignoram esses princípios, gerando aulas e cursos desmotivadores e de baixa eficácia.

O termo "princípio" usado aqui tem o sentido de ser a causa primária, a razão que orienta um sujeito a adotar determinado comportamento de acordo com aquilo que diz a sua consciência. Está associado à essência própria a cada indivíduo.

Ter em mente essa definição de princípio auxilia no momento de preparar uma aula e organizar o conteúdo, pois os princípios orientam todo o modo de agir do facilitador, de maneira a atingir a essência do que se pretende com a aula ou qualquer ação de aprendizagem para adultos. Ter como objetivo atender ao menos alguns dos princípios da Andragogia é fundamental para que o facilitador contemple a demanda do aluno adulto.

Cada um dos princípios da Andragogia traz uma pergunta implícita, não dita pelos alunos, que será chamada de "pergunta subjacente". Geralmente essa pergunta não explícita está relacionada à lógica da aprendizagem do adulto presente em cada um desses princípios.

Ao examinar cada um, são consideradas respostas a essas perguntas inconscientes que tendem a pairar na mente do adulto quando em aula. Preparar uma ação de aprendizagem tendo em mente essas perguntas implícitas ajuda a construir um roteiro de aula adequado aos anseios do adulto.

Os princípios da Andragogia podem ser vistos como uma ferramenta para auxiliar o facilitador e guiá-lo na preparação das aulas, bem como um modo de entender o que se passa com os alunos durante o processo da aprendizagem. Muitas atitudes dos alunos que já foram encaradas como resistência ou mesmo indisciplina são explicadas pelas perguntas subjacentes de cada princípio.

Quando há o esforço para esclarecer essas questões, das quais nem mesmo os alunos têm consciência, as ações educativas têm mais probabilidade de sucesso. A partir disso são examinados os recursos que possibilitam a condução da aprendizagem em ambientes presenciais ou virtuais.

## Princípio 1: Necessidade de saber

Pergunta subjacente: *Por que você está me ensinando isso?*

Lindeman (1926), antes de Knowles, já havia observado a necessidade de os adultos se autodirigirem ao criar suas suposições básicas sobre a aprendizagem de adultos.

Ao expressar o primeiro princípio da Andragogia, Knowles lançou um dos mais árduos desafios aos educadores de adultos, pois não se trata de *dizer* para o aluno "por que ele tem que aprender tal e tal conteúdo" ou "por que esse conteúdo é importante para ele", mas de ajudá-lo a identificar por si mesmo "qual a necessidade que *ele* [aluno] tem desse conteúdo".

Para muitos professores e facilitadores parece óbvio que o conteúdo é relevante, mas se essa pergunta – na maior parte das vezes inconsciente e subjacente – não for respondida de modo satisfatório pelo aluno logo no início, haverá dificuldade no processo de aprendizagem e na adesão dos alunos nas atividades propostas durante toda a ação.

Esse é um dos mais importantes – senão o mais importante – princípios da Andragogia. Quando ele é atendido, outros princípios também são atendidos de modo indireto.

Desse modo, existem algumas formas práticas pelas quais os facilitadores podem atender ao princípio 1: necessidade de saber. Todas elas envolvem diálogo e auxílio para que os alunos descubram por si os seus *gaps* e sua própria necessidade do conteúdo. O diálogo pode ser proposto para os alunos de forma direta, com todos reunidos ou organizados em subgrupos. Em geral, em grupos menores, as pessoas tendem a se expressar com mais facilidade, e os mais tímidos se sentem melhor.

Certamente não ajuda "dizer" ou "explicar" o que o aluno *tem que* aprender. Há mais probabilidade de acerto ao conduzir uma atividade de grupo na qual os participantes possam trocar ideias entre si. Vale ressaltar que o uso dessas perguntas como ferramenta é possível nos ambientes presenciais e *on-line*.

As perguntas sugeridas são:

• O que vocês já sabem sobre o tema do curso?

• Que desafios vocês têm encontrado no seu dia a dia, relacionado ao tema do curso?

• Quais perguntas você gostaria de ver respondidas no curso, que podem facilitar seu trabalho diário?

• Qual conteúdo deste curso você acredita que é mais importante?

• Cite um exemplo de suas dificuldades na execução do trabalho que está relacionado ao tema do curso.

• Que mudanças você acredita que são possíveis a partir do tema do curso?

Ao propor algumas destas perguntas para os alunos é possível ajudá-los a encontrar dentro de si as respostas para sua necessidade de saber relativa ao conteúdo que está sendo trazido. Não é necessário nem recomendado fazer todas estas perguntas. O ideal é que o facilitador escolha aquelas que ele sente mais confortável abordar e que se contextualizam melhor com seu público e conteúdo.

É possível que essas perguntas gerem algum debate entre os participantes e que sejam apresentadas situações diferentes. Para dar continuidade e seguir dentro do princípio 1 da Andragogia é válido pedir que os alunos especifiquem as situações trazidas por meio de novas perguntas:

• Alguém de vocês já se deparou com problemas semelhantes a que o "participante X" compartilhou conosco?

• Conte, por favor, para o grupo, como você a resolveu.

• O que vocês acham que poderia ser feito de modo diferente? Como?

As discussões feitas em pequenos grupos e compartilhadas no grande grupo são produtivas. As questões expostas verbalmente, no sentido de "resolução de problemas" ou de "compartilhamento de experiências", dão ao aluno a oportunidade de se posicionar dentro de uma situação-problema vivida por ele. A partir dessa discussão é válido listar alguns descompassos entre o que eles sabem e o que precisam saber, sugeridos por eles. Esses são seus *gaps*!

Essas atividades para identificar o princípio 1: necessidade de saber, podem ser feitas no ambiente *on-line*, de diversas maneiras:

- Plenária aberta na videoconferência.

- Uso do recurso de salas simultâneas.

- Pedir que os participantes se expressem através de chat ou bate-papo. Esse recurso é especialmente recomendado quando se está diante de uma plateia grande e a possibilidade de interação é diminuída.

- Uso de recursos de interatividade, tais como "nuvem de palavras" e resposta a enquetes.

- Criação de *boards* colaborativos, para que os participantes registrem em tempo real suas contribuições. Esses *boards* podem permanecer salvos durante toda a ação de aprendizagem e servem como recurso para o restante da condução com o método da Andragogia.

Existem ainda outras ferramentas que podem ser utilizadas para atender ao princípio 1: necessidade de saber. É válido destacar que este é um dos mais importantes e críticos princípios e o responsável por quase metade do sucesso do processo de aprendizagem do adulto.

Knowles fala de algumas "ferramentas poderosas" que podem ser usadas para que a resposta a este princípio seja satisfeita:

Algumas ferramentas poderosas para aumentar o nível de conscientização ou a necessidade de saber são:

> - as experiências reais ou simuladas em que os aprendizes descobrem por si mesmos seus *gaps;*
> - sistemas de avaliação de pessoal;
> - nas empresas, rotação de funções;

• contato com modelos;

• avaliações de desempenho

são alguns exemplos dessas ferramentas (KNO-WLES, 2009, p. 70).

Algumas dessas ferramentas mencionadas por Knowles podem ser traduzidas e ampliadas para as necessidades de hoje, na forma do diagnóstico; por exemplo, usando instrumentos como pré-teste e pós-teste. Não é o foco aqui avançar no detalhamento dessas ferramentas; mas, desde as mais simples até as mais completas, que evidenciem no adulto que ele pode saber mais sobre um tema, são a forma positiva de se atender ao princípio 1: necessidade de saber.

As ferramentas de diagnóstico usadas para construir os treinamentos podem envolver os alunos e consequentemente atender a este princípio. Vale ressaltar que não se trata do LNT (Levantamento de Necessidades de Treinamento).

Segue, a título de exemplo, um relato de experiência de um curso aberto e gratuito *on-line* que buscou atender a este princípio 1: necessidade de saber. Nesse curso, 20 alunos estavam presentes na videoconferência. O tema era comunicação e, mesmo com participação voluntária, os coordenadores se preocuparam em auxiliar os alunos a responder à pergunta inconsciente: "Por que você está me ensinando isso?" Como o tempo do curso era escasso, foi organizado um *quiz* com três perguntas, usando plataforma de enquetes e *quiz* integradas às plataformas de videoconferência.

Ao identificar seus erros e acertos no *quiz*, os alunos entraram em contato com as áreas de sua "necessidade de saber", além de interagirem sobre o que desejavam aprender naquele curso.

Uma segunda experiência que ajuda a entender como atender a esse princípio trata de um cenário de diagnóstico mais complexo abrangendo entrevistas individuais e em grupo no decorrer de duas semanas. O treinamento seria para a liderança de um grupo de empresas, e os questionários completos podem ser conferidos nos anexos.

As rodadas de diagnósticos foram realizadas individualmente e em grupo, de modo presencial e *on-line*. Serviram tanto para cultivar o princípio da necessidade de saber como para atender a diversos elementos da Andragogia, como será exposto no capítulo 4.

Assim, seja mediante perguntas realizadas em sala de aula, diretamente com os alunos, seja mediante ferramentas completas de diagnóstico ou ainda usando soluções simples e gamificadas, o facilitador pôde encontrar estratégias para ajudar seu aluno adulto a identificar, por si mesmo, qual a sua necessidade de saber para ir em frente no processo de aprendizagem.

Algumas vantagens dessa abordagem são: preparar o aluno e criar um clima acolhedor. Quando se propõe uma atividade interativa, conforme apresentada acima, é dada ao aluno a oportunidade de discutir com seus pares sobre problemas do seu trabalho e, ao grupo, a identificar necessidades comuns, buscando soluções para possíveis desafios. Depois de identificados e elencados os problemas, tem-se um campo livre para propor uma forma de trabalhar de modo colaborativo, mediante o Contrato de Aprendizagem.

Seguindo essas diretrizes, o facilitador prepara o grupo para modificar suas perguntas e seus sentimentos referentes ao segundo princípio: o autoconceito do Aprendiz. Veja que é possível para o facilitador demonstrar com ações concretas que o considera um adulto, e não uma criança.

**Princípio 2: Autoconceito do aprendiz**

Pergunta subjacente: *Como devo agir em aula? Como adulto ou como aluno?*

Os adultos têm consciência de si, são responsáveis pelas suas próprias decisões e pela sua vida, são cidadãos respeitados, votam, adquirem propriedades, têm família e administram seus bens.

Porém, influenciados por inúmeros imperativos históricos e culturais, os adultos, quando são convidados a participar de alguma atividade educacional, tendem a entrar numa situação paradoxal: Como ser aluno enquanto sou adulto? Como devo agir?

Inconscientemente, eles lidam com um conflito interno. De um lado, suas possíveis lembranças de experiências com aulas tradicionais, quando eram tidos como dependentes; do outro, sua profunda necessidade de serem vistos e tratados como capazes de cuidar de sua própria vida. Tendem a se ressentir e resistir quando pensam que outros estão impondo suas vontades a eles.

Isso traz um sério problema para a educação de adultos: tão logo o adulto comece a participar de uma atividade chamada educação, treinamento ou qualquer outro sinônimo, regride ao condicionamento de suas experiências escolares anteriores, coloca o chapéu de dependência, cruza os braços, encosta-se à cadeira e diz "ensina-me". Essa suposição da necessidade de dependência, assim como o subsequente tratamento do facilitador dos alunos adultos como crianças, cria um conflito dentro desses alunos entre seu modelo intelectual – aprendiz é igual a dependente – e a necessidade psicológica mais profunda, talvez até subconsciente, de se autodirigir (KNOWLES, 2009, p. 70-71).

Essas palavras parecem familiares a quem trabalha com alunos adultos em qualquer contexto. Algumas vezes, ao iniciar a ação de aprendizagem, os adultos parecem ter regredido à sua infância, fazendo brincadeiras, implicando com os outros participantes, fazendo barulho e até bagunça. Os facilitadores que ainda não vivenciaram situações assim em suas aulas poderão em algum momento se deparar com o fenômeno.

No capítulo 7 faremos uma abordagem de como os conceitos da Análise Transacional como: Estados de Ego, Posição Existencial e Transações contribuem para compreender essa situação, para elevar a qualidade da comunicação entre facilitador e alunos.

O princípio 2 – autoconceito do aprendiz propõe que o facilitador do processo de aprendizagem de adultos pode agir para não confirmar o modelo mental do aluno adulto de que "ser aprendiz é igual a ser dependente".

Em alguns casos os professores confirmam a suposição de dependência manifestada pelos comportamentos descritos com abordagens que evocam autoridade; por exemplo: chamar a atenção dos alunos, falar alto para captar a atenção, exigir disciplina, manifestar incômodo pela situação etc. Em muitas situações de aprendizagem, num passado não tão distante, era requerida do professor uma habilidade chamada "domínio de sala", que basicamente seria a capacidade de fazer os alunos ficarem quietos ou se comportarem.

Um professor despreparado para trabalhar com adultos age de forma autoritária por ficar perplexo diante dessas atitudes e não entender que se trata de um processo inconsciente, passageiro dos adultos para lidar com sua ansiedade, curiosidade ou confusão diante das perguntas subjacentes: "Como devo agir na aula? Como adulto ou como criança?", "Como é ser adulto e aluno?"

O caminho para atender ao princípio 2 – autoconceito do aprendiz é criar um ambiente acolhedor, e não confirmar as suspeitas inconscientes que o aluno trouxe, de que ser aluno é ser dependente e que será tratado como criança.

Os fenômenos relacionados ao princípio 2 – autoconceito do aprendiz ocorrem mais fortemente no início da ação de aprendizagem, quando facilitadores e participantes ainda não se conhecem. Assim, dar um tempo para que os alunos "baixem" as ansiedades e, às vezes, agressividades manifestadas pelas brincadeiras é a estratégia recomendada. Para isso, é preciso ficar junto deles por um momento como que cumprindo um ritual de chegada, falar pouco e baixo, fazer comentários ou perguntas sociais sobre o trânsito, a temperatura, como foi a viagem, até que se estabeleçam os primeiros contatos. Atitudes como estas frustram a expectativa de que serão tratados como crianças.

Pode parecer óbvia demais essa recomendação para atender ao princípio 2 – autoconceito do aprendiz, mas são muito recorrentes ainda hoje as aulas que começam de um modo contrário ao sugerido neste princípio. O professor entra em sala com o pressuposto de que precisa impor regras, limites... Essa atitude de imposição convida os alunos a se submeterem ou a resistirem. A essência do princípio 2 – autoconceito do aprendiz é convidar os alunos a ficarem no mesmo estágio de maturidade do facilitador.

Significa que o facilitador está dizendo para o aluno que o reconhece como adulto e parceiro. O aluno é convidado a assumir sua condição de adulto e a agir com responsabilidade por sua aprendizagem. Cada vez mais o aluno deixará de depositar no facilitador a responsabilidade pela aprendizagem dele e passará a entender que é parte ativa nesse processo.

No papel de facilitador, pode-se fazer uma inversão de foco. Isso exige que o facilitador não se apresente como a estrela em um palco para "ensinar". Seu desafio é muito maior: estar preparado para produzir um ambiente para que a aprendizagem aconteça no "aqui e agora" do grupo. É um processo que requer tempo, tanto da parte do facilitador, para introjetar essa concepção em suas ações, quanto da dos alunos, pois há uma quebra de paradigma em curso. Atuar dentro do princípio 2 – autoconceito do aprendiz vai exigir mais articulação do conteúdo, compreensão do contexto e gestão do funcionamento de grupo.

Flexibilidade e atenção são necessárias e muito bem-vindas. Às vezes o que acontece no "aqui e agora" do grupo foge do roteiro criado pelo facilitador. Também os alunos não estão acostumados a tomar conta da sua aprendizagem ou do processo de desenvolvimento de si mesmos.

Ser uma pessoa real, "sem se esconder atrás de uma aparência de profissional", é **atitude** que, do ponto de vista rogeriano, traz bons resultados, conforme descrito por Goulart:

> O ponto de partida dos estudos de Carl Rogers está diretamente relacionado à frase: "somente pessoas podem desenvolver pessoas". Sendo assim, administradores, professores, supervisores necessitam primeiramente ser pessoas por

sua própria conta, poder se expressar onde está e como é, sem se esconder atrás da aparência do profissional. "A sugestão rogeriana defende a ideia de que a aprendizagem resulta muito menos da metodologia e mais da atitude do professor" (GOULART, 2009, p. 94).

Veja que o conceito rogeriano sobre a relação facilitador/aluno resulta na qualidade elevada das relações interpessoais pelas atitudes agregadoras.

De modo prático, quando você facilitador faz alguma pergunta para os alunos sobre eles mesmos, as respostas no início tendem a ser vagas e inexpressivas, pois há um estranhamento e porque estão ainda se ambientando. Esse momento inicial é normal e necessário. Exige do facilitador entender que faz parte do processo de quebra de paradigma. Exige também paciência, empatia e compreensão do momento psicológico, seu e do aluno.

Os silêncios que se seguem às perguntas feitas pelo facilitador também são parte do processo. Não ceder à ansiedade e preencher esses silêncios com respostas próprias ou novas perguntas é a chave para não cair na tentação de "salvar" o grupo de alunos. A recomendação nessa fase é deixar que os silêncios sobrevenham e manter-se calmo e amigável, de modo a gerar nos alunos o entendimento de que aquela ação de aprendizagem não será de responsabilidade unilateral; ou seja, tão somente expositiva: "professor fala-aluno escuta".

Vale ressaltar que essa atitude recomendada para atender ao princípio 2 – autoconceito do aprendiz é igualmente válida em ambientes presenciais e virtuais de aprendizagem. Nos ambientes virtuais síncronos, formular perguntas, aguardar as respostas e respeitar os silêncios pode ser especialmente difícil, pois os recursos da comunicação não verbal podem não estar totalmente disponíveis. Se os alunos mantiverem as câmeras fechadas, menos informações ainda teremos para a leitura dos movimentos do grupo.

Essas mudanças na modalidade de comunicação no ambiente virtual não são fatores que devem levar a desistir de aplicar o princípio 2 – autoconceito do aprendiz; muito pelo contrário: é nesse ambiente que a responsabilidade pelo que acontece na ação de aprendizagem precisa estar bem dividida entre facilitador e alunos. Esta é principal riqueza dos momentos síncronos de aprendizagem no ambiente virtual: compartilhar.

Nessa situação, vale lembrar que, se o facilitador abdicar do diálogo e das relações com os presentes, facilmente a ação de aprendizagem poderia ser substituída por uma aula gravada. A razão de ser e de estar de modo síncrono é viver o "aqui e agora" da aula. Assim, a recomendação é variar os estímulos e recursos de participação dos alunos por meio de aplicativos de interatividade, dos chats das videoconferências e das reações com imagens (*emojis*).

Para ampliar o repertório de ações e compreensão do princípio 2 – autoconceito do aprendiz, é válido recorrer ao conhecimento dos processos psicológicos básicos da Análise Transacional: teoria da personalidade e teoria da ação social, criadas pelo psiquiatra canadense Eric Berne, em 1957, ampliados no capítulo 7 deste livro.

Conhecimentos sobre a Teoria dos Grupos também são recursos que dão subsídios ao professor para lidar com estas e outras questões relacionadas à interação professor-aluno. Esses conhecimentos ajudam o professor a entender suas próprias reações emocionais e as dos aprendizes; ajudam a encontrar novas maneiras para resolver antigos conflitos; ajudam ainda a rever seus conceitos pessoais e a encontrar novas opções de vida.

O princípio 2 – autoconceito do aprendiz ainda está intimamente ligado ao próximo princípio formulado por M. Knowles, o princípio 3 – o papel da experiência.

## Princípio 3: O papel da experiência

Pergunta subjacente: *O que faço com o que já sei?*

Há uma tendência muito comum de apego ao que já se sabe. Alguns ainda buscam novas formas de confirmar o que já sabem quando buscam aprendizados e novas experiências, o que na prática limita a abertura ao novo. No caso dos alunos em uma ação de aprendizagem, a experiência prévia é seu patrimônio. Afinal, os participantes, de algum modo, saíram-se bem fazendo o que fazem até o momento, e isso precisa ser levado em consideração e valorizado segundo o princípio 3 – o papel da experiência, formulado por Knowles:

> Os adultos se envolvem em uma atividade educacional com um volume maior de experiências e com uma qualidade diferente dessas experiências, comparadas às dos jovens. [...] Mas eles também têm tipos diferentes de experiências. Essa diferença em quantidade e qualidade de experiências acarreta várias consequências para a educação de adultos. [...] em qualquer grupo de adultos haverá uma amplitude maior de diferenças individuais [...] será mais heterogêneo em termos de formação, estilo de aprendizagem, motivação, necessidades, interesses e objetivos do que um grupo de jovens. Para muitos tipos de aprendizagem, os recursos mais ricos são os próprios aprendizes adultos (KNOWLES, 2009, p. 71).

A abordagem que cria um ambiente produtivo para os alunos é aquela em que o facilitador se interessa pelas experiências deles. Pedir para contarem como é seu dia a dia e escutar com atenção é a principal estratégia do princípio 3 – o papel da experiência. A atenção genuína do facilitador dá aos participantes a oportunidade de perceberem que ele se importa com o que eles sabem e valoriza essas experiências. A ideia é que eles concluam que aquilo que já sabem pode servir de base para o aprendizado.

É importante ressaltar que o contrário da aplicação do princípio 3 – o papel da experiência seria reproduzir falas como: "Esqueçam tudo o que sabem" ou "Tudo o que fizeram até agora está errado". Mesmo que sejam verdadeiras, tais falas podem ser percebidas como uma ameaça ao universo anterior do aluno e apenas geram resistência ao aprendizado novo.

A estratégia apropriada para esse momento é, mais uma vez, fazer perguntas aos alunos e abrir espaço para que se expressem.

- O que já sabem sobre este assunto?
- Na prática de vocês, como têm resolvido esse problema?
- Como têm lidado no dia a dia com esses desafios?
- O que acreditam ser verdade sobre esse tema?

No momento em que os alunos respondem a tais perguntas sobre sua experiência, o facilitador precisa demonstrar que valoriza o que está sendo dito. Assim, é válido anotar, ou ainda recorrer a ferramentas visuais, tanto no ambiente presencial como no ambiente virtual, para fazer o registro do que está sendo dito. No ambiente presencial, o principal recurso para esse momento são as folhas de *flipchart* ou quadros disponíveis na sala. Já no ambiente virtual, os *boards* colaborativos de construção são muito úteis para que os próprios alunos registrem suas ideias. Outra possibilidade é usar *boards* colaborativos também no ambiente presencial.

Ao utilizar esses recursos de anotação e registro do que os alunos dizem, o facilitador qualifica as falas deles e também acompanha o raciocínio da turma. Esse procedimento pavimenta um caminho de confiança e respeito, criando um ambiente de abertura para que os alunos percebam conexões entre o que já sabem e os novos conteúdos que vão aprender naquela ação de aprendizagem. Dessa forma, os alunos terão a oportunidade de analisar e descobrir a aplicabilidade do aprendizado, além de se comprometerem com a mudança.

Algumas indicações de Knowles ampliam a compreensão prática do princípio 3 – o papel da experiência:

> Técnicas que utilizam a experiência dos adultos aprendizes, como discussões em grupo, exercícios de simulações, atividades de resolução de problemas, estudos de caso e métodos de laboratório, em vez de técnicas de transmissão. Também há uma ênfase maior nas atividades de ajuda aos colegas. Serão mais eficazes que as técnicas de transmissão. [...] Em contraposição, os efeitos negativos desse acúmulo de experiências podem ser a tendência de desenvolver hábitos mentais, preconceitos e pressuposições que costumam fechar a mente a novas ideias, a percepções mais atualizadas (KNOWLES, 2009, p. 71-72).

As sugestões de Knowles aqui se relacionam a diversas metodologias ativas ou experienciais amplamente utilizadas hoje. O princípio 3 – o papel da experiência é uma das bases da maior parte dessas metodologias que tornam a experiência do aluno adulto a base para a construção dos novos conhecimentos.

Para aplicação desse princípio, o facilitador pode construir atividades em grupos menores, propondo debates e compartilhamento de experiências entre os participantes. Atividades de simulação com os novos conhecimentos também podem ser feitas nesse formato, organizando os alunos em subgrupos. A ênfase nesse tipo de atividade é para que os participantes discutam e descubram por si próprios como podem agregar os novos conteúdos, percebendo de modo autônomo a importância desses novos conteúdos, consolidando a aprendizagem.

Após essas trocas em grupo os participantes podem expor aos demais o que aprenderam e o que desejam mudar a partir do novo conteúdo. Essa estratégia diminui em muito o tempo expositivo de conteúdos por parte do facilitador e lança foco na apropriação dos conteúdos por parte dos alunos. Assim, o princípio 3 – o papel da experiência, quando atendido na prática, aumenta o engajamento dos alunos na ação de aprendizagem e também a retenção dos aprendizados. Essa estratégia é muito mais eficaz do que usar técnicas de transmissão pela exposição de intermináveis PowerPoint. Vale dizer que não se está dizendo aqui que a exposição de conteúdos deve ser suprimida, mas ela necessita ser balanceada em doses de tempo menores, combinadas a debates com o grupo.

Knowles traz também uma palavra de cautela sobre os efeitos negativos do acúmulo de experiência. Na prática, pode acontecer de o aluno ficar muito preso a hábitos mentais e se fechar a novas ideias. Se esse tipo de evento for identificado pelo facilitador, há perguntas adicionais sugeridas para estimular a abertura para pensarem sobre ideias alternativas:

1) "E se [...]?"

2) "Quais são as consequências se [...]?"

3) "Já testou a possibilidade de [...]?"

4) "O que pode acontecer se optarmos por [...]?"

Dessa forma, o facilitador valoriza a contribuição do grupo, acolhendo as experiências de como fazer e de como pensar diferente. A aplicação do princípio 3 – o papel da experiência propicia ao facilitador sair do foco e permite que os alunos se apropriem das novas ideias ou mesmo que gerem novos conhecimentos, sem serem "forçados" por aquela suposta figura de autoridade.

Como facilitador, é indicado levar em conta que alguns participantes se apegam a experiências antigas e cristalizam suas posições em função do conjunto de fatores internos e externos atuantes na situação do "aqui e agora" do treinamento. O facilitador pode se perguntar:

• O aluno está considerando sua participação na atividade como uma oportunidade de crescimento?

• O aluno está considerando sua participação na atividade como uma ameaça ou desafio à sua pessoa?

• Será que o aluno sente desvalorizada sua experiência ou sua pessoa?

Pode acontecer de o aluno adulto desenvolver um sentimento de rejeição não apenas à sua experiência, mas também à sua pessoa. Descobrir em trabalho de grupo maneiras de ajudar o adulto a refletir sobre hábitos e preconceitos próprios, e abrir a mente para novas formas de fazer determinada atividade é atender ao princípio 3 – o papel da experiência. Demonstrar, por palavras e ações, que o aluno e a experiência dele são importantes para o processo vai contribuir para o avanço da aprendizagem.

## Princípio 4: Prontidão para aprender

Pergunta subjacente: *Para que preciso saber isso agora?*

Segundo Knowles (2009, p. 72), "os adultos ficam prontos para aprender as coisas que têm de saber e para as quais precisam se tornar capazes de realizar a fim de enfrentar as situações da vida real". A dimensão psicológica por trás da pergunta subjacente é o tempo: "Por que *agora*?"

Knowles (2009, p. 72) recomenda: "Uma fonte particularmente rica de prontidão para aprender são as tarefas associadas à passagem de um estágio de desenvolvimento para o próximo".

Observar a evasão ou o desengajamento dos alunos em determinadas ações de aprendizagem permite entender mais plenamente o princípio 4 – prontidão para aprender. Vivenciamos isso fortemente no biênio 2020-2021. No início de 2020 já existiam à disposição das pessoas inúmeros cursos, aulas, tutoriais e estímulos para o aprendizado das ferramentas de trabalho remoto. É inegável que, após o início dos confinamentos, em março de 2020, quando a realidade de milhares de pessoas se transformou em trabalho remoto, a necessidade desse saber se tornou muito mais premente e, portanto, a prontidão para aprender a usar essas ferramentas aumentou muito.

É dessa forma que se pode entender esse princípio da Andragogia: entendendo a relação entre a "necessidade de direção" e a "necessidade de apoio" dos alunos. Quanto maior sua prontidão para aprender, menor a necessidade tanto de direção quanto de apoio (KNOWLES, 2009, p. 212).

Assim, o princípio 4 – prontidão para aprender nem sempre será atendido, pois muitas ações de aprendizagem acontecem na forma de "participação involuntária", nas quais os alunos são convocados para estar presentes. E, nesses casos, a necessidade de apoio e de direção do facilitador será maior.

Na prática, este princípio 4 está profundamente ligado ao princípio 1 – necessidade de saber. As mesmas estratégias que são usadas para ajudar o aluno a identificar que ele tem necessidade daquele aprendizado podem ser usadas para ajudar o aluno a perceber que precisa desse aprendizado agora.

A prontidão para aprender está relacionada ao tempo e à necessidade atual do participante. Algumas perguntas podem ser feitas aos alunos a fim de mobilizar sua prontidão para aprender:

- Vamos examinar juntos por que aprender isto agora?
- Que habilidades esse aprendizado pode ajudar você a se desenvolver?
- Com quais problemas do seu dia a dia esse conteúdo se relaciona?

A prontidão para aprender nos alunos adultos se dá de forma diferente, pois a necessidade de autodireção do adulto é alta, assim como as diferenças individuais entre os alunos. De modo geral, o participante se interessa em aprender algo para atender uma a necessidade ou a um desejo atual dele.

Dar atenção ao princípio 4 – prontidão para aprender significa que o facilitador está atento ao fato de que determinados conteúdos podem não ser urgentes para todos na turma. Esse fato não deve desanimar o facilitador, mas ajuda a estar imbuído de mais aceitação em relação às perguntas, dúvidas e até possível desengajamento por parte dos alunos.

Um momento importante da aprendizagem para atender o princípio 4 – prontidão para aprender é a etapa de coleta das expectativas dos alunos para elaboração do Contrato de Aprendizagem. Como vimos no capítulo 2, no momento da construção do contrato pode-se perguntar aos alunos quais conteúdos tem maior prioridade. Seguir a priorização de conteúdos em parceria com os alunos exige flexibilidade no planejamento das ações de aprendizagem, mas traz bons resultados.

Por fim, ter em mente este princípio 4 pode significar ter atenção ao planejamento estratégico de todo o caminho proposto para o aluno e optar por não oferecer determinados cursos ou conteúdos se não há prontidão. As trilhas de aprendizagem nas quais os alunos definem seu percurso são o melhor exemplo de como atender a esse princípio.

### Princípio 5: Orientação para aprendizagem

Pergunta subjacente: *Isto vai me ajudar a lidar com que problema?*

A ideia por trás desta pergunta é a questão da utilidade: O que eu faço com isto que estou aprendendo? Para que serve isto?

> Os adultos são motivados a aprender conforme percebem que a aprendizagem os ajudará a executar tarefas ou lidar com problemas que vivenciam em sua vida. Além disso, eles assimilam novos conhecimentos, percepções, habilidades, valores e atitudes de maneira mais eficaz quando são apresentados a contextos de aplicação e situações da vida real (KNOWLES, 2009, p. 73).

Acompanhando o raciocínio de Knowles, os adultos tendem a não estar interessados em ações de aprendizagem que tratem apenas de conteúdo para acúmulo de conhecimentos. Eles tendem a se atrair por programas que os habilitem à aplicação imediata na vida real.

Ao buscar atender o princípio 5 – orientação para aprendizagem, há a possibilidade de unir as "metodologias ativas" de Aprendizagem Vivencial como principais métodos para auxiliar os alunos a aplicar e de fato relacionar o que estão aprendendo com sua prática. Kolb (1984) se dedicou a estudar especialmente esse tipo de aprendizagem e suas duas principais contribuições: Estilos de Aprendizagem e Ciclo de Aprendizagem Vivencial, temas dos capítulos 5 e 6 deste livro.

A ideia essencial deste princípio da Andragogia é que os alunos adultos têm necessidade de entender prontamente onde e em qual situação aquele conteúdo se tornará real em sua vida. Dessa forma, as melhores estratégias para atender a esse princípio estão na aplicação de técnicas de simulação e aprendizagem com base nas experiências reais.

Algumas perguntas são sugeridas para que os próprios alunos tragam suas experiências para a aula e a partir delas os conteúdos sejam desenvolvidos.

- Quais exemplos vocês gostariam de trazer para esta aula?
- Podem compartilhar uma situação na qual já vivenciaram isso?
- Os problemas abordados são enfrentados por vocês?

As metodologias ativas ajudam a atender o princípio 5 – orientação para aprendizagem de um modo mais planejado e estruturado. Vale dizer que a mera aplicação de uma metodologia ativa não significa atuar no modelo da Andragogia ou atender aos princípios da aprendizagem de adultos. As metodologias ativas são técnicas que, ao serem aplicadas por facilitadores ancorados na teoria da Andragogia, fazem sentido no todo das ações de aprendizagem. Seguem alguns exemplos:

**Aprendizagem baseada em problemas** – Esta técnica, primeiramente esboçada por Dewey (1938), consiste em explorar previamente os problemas nos quais os alunos estão inseridos e solicitar que tais problemas sejam trazidos como parte da experiência de aprendizagem. O aspecto notável desta técnica, tal como concebida por Dewey, é a possiblidade de serem trazidos problemas com apelo social e que reflitam a realidade na qual o aluno adulto está inserido. A atuação do facilitador é permitir que os participantes investiguem e testem hipóteses de aplicação dos novos conteúdos e assumam a responsabilidade pela produção do conhecimento.

**Aprendizagem baseada em projetos** – É uma forma de facilitar o conteúdo a partir de propostas de aplicação ou projetos que sejam do interesse dos alunos. Ao construir um objetivo para o projeto, os participantes veem de imediato como essa ação de aprendizagem se orienta para a prática. O facilitador atua então como um consultor que pode garantir uma base mínima de conhecimentos para o projeto e estruturação da experiência de aprendizagem. Essa técnica enfatiza profundamente a colaboração e a interdisciplinaridade, pois, ao construir os projetos, os alunos podem facilmente extrapolar o plano de conteúdos inicial.

**Sala de aula invertida** – Essa técnica é especialmente útil para os ambientes virtuais de aprendizagem, para se extrair o máximo das experiências síncronas de aprendizagem com menos tempo. Estas, assim como todas as metodologias ativas, exigem o comprometimento dos alunos com o processo e, na sala de aula invertida, a ideia é que os participantes recebam os conteúdos para estudar antes das aulas e tragam para elas apenas as dúvidas e os aprofundamentos do tema. O tempo em grupo com o facilitador se torna, assim, o mais produtivo possível, e a aplicação do conhecimento fica mais fácil.

A força do princípio 5 – orientação para aprendizagem pode ser percebida quando se muda o formato de uma aula tradicional para inserir a preocupação com a aplicação do conteúdo no foco do aluno como o principal vetor das ações de aprendizagem. Esse princípio 5 – orientação para aprendizagem conecta-se fortemente com a ferramenta Contrato de Aprendizagem, pois será nessa etapa do contrato que as bases para a corresponsabilização e o comprometimento dos alunos serão lançadas.

## Princípio 6: Motivação

Pergunta subjacente: *Qual a satisfação que este saber vai me dar? Em que minha vida vai melhorar sabendo isto?*

O princípio 6 – motivação, ordinariamente é um dos mais importantes e negligenciados princípios nas ações de aprendizagem. Muitas vezes, por se acreditar que a motivação é exclusivamente intrínseca, este princípio da Andragogia passa despercebido. É sobre a motivação que Knowles escreveu:

> Os adultos respondem a fatores motivacionais externos (melhores empregos, promoções, salários mais altos); porém, os fatores motivacionais mais poderosos são as pressões internas (o desejo

> de ter maior satisfação no trabalho, autoestima, qualidade de vida). [...] Pesquisas constataram que adultos normais são motivados a continuar a crescer e se desenvolver, mas essa motivação geralmente é bloqueada por barreiras como: autoconceito negativo enquanto aluno, falta de acesso a oportunidades ou recursos, limitações de tempo e programas que violam os princípios da aprendizagem de adultos (KNOWLES, 2009, p. 74).

O facilitador que deseja aplicar o princípio 6 – motivação poderá criar um ambiente motivador no qual os alunos se sintam convidados a participar, compartilhar experiências e experimentar mudar de ideia. O próprio Knowles já associa a motivação ao autoconceito, que é base do princípio 2. Isso lança luz para o fato de que a melhor maneira de atender ao princípio 6 – motivação é estar atento aos cinco princípios anteriores.

Ao ajudar o aluno a identificar sua necessidade de saber, respeitar o conceito que ele tem de si como adulto, valorizar suas experiências e situá-las no aqui e agora, com atividades nas quais sua participação e aplicação do conteúdo sejam o foco, o facilitador está contribuindo para a motivação do aluno adulto. Na outra ponta, pode-se concluir que programas que violam os princípios da aprendizagem de adultos geram desmotivação, o que se constata na prática.

Aplicar esses princípios requer uma mudança de posição do facilitador e sem dúvida muito trabalho de preparação prévio de cada aula. No dia a dia do facilitador, a teoria apresentada aqui pode dar mais sentido a opções na construção da aprendizagem, que antes seriam meramente técnicas. A prática e a experiência orientadas pela teoria da Andragogia são o caminho mais seguro para ter facilidade de lidar com as situações inusitadas em sala de aula, buscando alternativas criativas. O respaldo teórico permite que as respostas apareçam com naturalidade, pois é possível ter a compreensão do que está realmente acontecendo e por quê.

Por fim, para que a aplicação dos princípios da Andragogia seja percebida pelos alunos de modo a agregar valor, faz-se necessário, sobretudo, um exercício de humildade. O propósito do caminho é desenvolver entendimento e sabedoria para não fazer julgamentos.

# OS ELEMENTOS DO PROCESSO DA ANDRAGOGIA
## O FOCO É O ALUNO

Os elementos do processo da Andragogia servem como um passo a passo que contribui para que o facilitador mantenha seu olhar no aluno. Cada elemento proposto ajuda o facilitador a caminhar junto com seu aluno na criação de um ambiente relacional adequado para que a aprendizagem aconteça. Esse caminhar motiva o aluno a pensar em seu processo de aprendizagem a partir de um clima calmo e acolhedor.

Mediante um planejamento antecipado a partir do diagnóstico, o facilitador prepara o seu plano. Já em sala, negocia a sequência do desenho de seu plano de aprendizagem atendendo às necessidades apontadas pelos alunos, obedecendo à prontidão de cada um, utilizando exercícios e técnicas vivenciais que estimulam a reflexão, o pensamento, a consciência e a conexão do conteúdo a ser aprendido com a vida e o trabalho dos alunos.

Juntos, facilitador e aluno encaminham a avaliação como parte do processo da aprendizagem. Mediante a avaliação compartilhada podem constatar se os objetivos de aprendizagem foram alcançados conforme esperado e, se não foram, o que fazer para resolver.

A estratégia do facilitador neste modelo é lidar primeiro com o **processo** de aprendizagem e depois com o **conteúdo**. Tal inversão de foco tem implicações na conduta do facilitador, que precisa reunir um novo conjunto de habilidades para aplicar essa teoria.

Uma das habilidades é vencer a tentação de se ver como o foco da atenção, por se ocupar em transmitir informações e dar a entender que é o exclusivo detentor do saber.

No quadro reproduzido a seguir compara-se o modelo de **conteúdo**, concebido como tradicional, e o modelo de **processos**, concebido como da Andragogia. "A diferença é que, na educação tradicional, o professor (ou treinador, elaboradores de currículo educacional, ou outra pessoa) decide antecipadamente quais conhecimentos ou habilidades precisam ser **transmitidos**" (KNOWLES, 2009, p. 121; grifo acrescido).

O autor demonstra comparativamente essa diferença, evidenciando que o facilitador no modelo da Andragogia precisa estar preparado para aplicar um "conjunto de procedimentos para **envolver** os aprendizes em um processo" (KNOWLES, 2009, p. 121, grifo acrescido).

São oito elementos, conforme transcritos a seguir:

| Elementos | Abordagem de conteúdo tradicional | Abordagem de processo da Andragogia |
|---|---|---|
| 1) Preparar o aluno | Mínimo preparo. | • Fornece informações.<br>• Prepara para a participação.<br>• Ajuda a desenvolver expectativas realistas.<br>• Começa a pensar no conteúdo. |
| 2) Clima | Orientado à autoridade, formal, competitivo. | • Tranquilo, confiante, respeito mútuo.<br>• Informal, caloroso, colaborativo, apoiador.<br>• Abertura e autenticidade.<br>• Humanidade. |
| 3) Planejamento | Pelo professor. | • Mecanismo de planejamento mútuo entre aprendizes e facilitador. |
| 4) Diagnóstico das necessidades | Pelo professor. | • Através de avaliação mútua. |
| 5) Definição dos objetivos | Pelo professor. | • Através de negociação. |
| 6) Desenho dos planos de aprendizagem | Lógica do assunto, unidades e conteúdo. | • Sequenciado, de acordo com a prontidão.<br>• Unidades de problemas. |
| 7) Atividades de aprendizagem | Técnicas de transmissão. | • Técnicas experienciais (investigação).<br>• Mão na massa. |
| 8) Avaliação | Pelo professor. | • Novo diagnóstico mútuo do programa.<br>• Mensuração mútua do programa. |

Fonte: KNOWLES, Malcolm. **Aprendizagem de resultados: uma abordagem prática para aumentar a efetividade da educação corporativa**. Rio de Janeiro: Elsevier, 2009, p. 122.

A seguir, a proposta é analisar cada elemento para entender como se faz para escolher ações que evidenciem a aplicação deles na prática da Andragogia.

## 1 Preparar o aluno

Se o programa for apresentado no ambiente virtual, é preciso providenciar um tempo antes do curso para familiarizar os participantes quanto a recursos que serão utilizados, acessos de internet, equipamentos que usarão, possibilidades de acesso em computador, celular, plataforma e aplicativos.

A ideia é que esses aspectos tecnológicos sirvam para ajudar no processo e não sejam um fator de ansiedade e preocupação dos participantes; que tenha a garantia antecipada do suporte técnico em função dos recursos escolhidos.

No modelo da Andragogia, o aprendiz é impactado com uma abordagem diferente daquela a que está acostumado. Quando no ambiente presencial, ele encontrará uma sala geralmente organizada com os assentos formando um círculo e será convidado, de forma gradativa, a expressar suas ideias e sentimentos. Já no ambiente virtual, ele será preparado antes do curso/aula. Podem ser realizadas comunicações mediante um grupo de mensagens para repassar informações e adiantar a interação com os alunos. Também é possível combinar um encontro *on-line* para que todos possam se familiarizar com o ambiente virtual, tirar dúvidas e estimular a ajuda mútua.

O aluno precisa ser preparado técnica e psicologicamente para participar de uma aprendizagem assumida por ele nos ambientes que estão disponíveis em sua região. No dizer de Knowles (2009, p. 123),

> [...] em sua maioria, os adultos com os quais trabalhamos ainda não aprenderam a ser questionadores autodirigidos; eles foram condicionados a depender de um professor que ensine. E por esse motivo geralmente vivenciam uma espécie de choque cultural quando são expostos pela primeira vez a programas verdadeiros de educação de adultos.

Quando sentados em círculo em encontros presenciais, essa organização em si já provoca um impacto que resulta na primeira surpresa ao indivíduo que veio para o curso pensando em uma sala de aula tradicional, com as pessoas sentadas uma atrás da outra e um "professor" que "ensina".

Diante da tela no computador, aplicativos ou celular, os participantes precisam ser encorajados a lidar com o impacto e a surpresa causados por um modelo às vezes ainda novo para alguns alunos. O preparo do aluno começa com a forma como ele é recebido em sala. Ao se fazer a proposta do Contrato de Aprendizagem, o aluno vai sendo preparado para se autodirigir; isto é, para aprender a aprender a conviver em grupo, partilhar suas ideias em público e colaborar no processo de troca de experiência e construção do conhecimento.

Isso em si provoca um choque cultural e precisa ser trabalhado. Eles estão se experimentando numa posição igualitária na qual todos podem se olhar de todos os ângulos e não há alguém mais ou menos importante, pois o facilitador, ainda que no desempenho de papel diferenciado, está às vezes sentado no círculo, ou também no mesmo nível diante da tela dos seus dispositivos eletrônicos. Assim, desde o início, *o facilitador não está no foco*.

O facilitador precisa considerar esses fatores durante o processo de inclusão dos participantes, que logo tenderão a se sentirem seguros, se forem propostas atividades simples, familiares ao seu contexto, dando-lhes a oportunidade de formar alianças com outros participantes e se sentirem protegidos. Com o passar do tempo, com as necessidades de inclusão atendidas, a participação se torna livre e espontânea.

Essas práticas de sala no ambiente presencial contam com a facilidade do olhar, das expressões corporais e de outras manifestações não verbais que podem ser observadas prontamente e trabalhadas de forma atenciosa e empática em tempo real.

Por isso, no ambiente de EAD e *on-line*, a necessidade de preparar o aluno fica mais intensificada. O indivíduo também precisa ser preparado. Precisa tomar conhecimento de como o curso e o programa vão funcionar, conhecer os acessos na plataforma de aprendizagem, apresentar-se e falar sobre suas preferências, gostos e saberes, interagir nas postagens dos colegas. Também precisa ser preparado para participar de uma experiência em que ele não tem como ser um ouvinte passivo; precisará aprender a colocar *por escrito* seus pensamentos, sentimentos, experiências e dúvidas. Preparar os aprendizes faz parte do processo da Andragogia de aprendizagem!

## 2 Clima

O ambiente psicológico é fundamental. Necessita inspirar confiança e respeito. Quanto mais informal e acolhedor, mais contribuirá para a tranquilidade do aluno, facilitando sua aprendizagem. Tamanho da sala, cadeiras confortáveis, iluminação adequada etc. Hoje o tema da qualidade do ambiente influindo na qualidade das relações é comum. Segundo Knowles (2009, p. 21),

> [...] os psicólogos sociais nos ensinaram muito sobre os efeitos no ambiente humano, principalmente na qualidade das relações interpessoais. [...] O ambiente físico pede a satisfação dos confortos básicos (temperatura, ventilação, fácil acesso a bebidas e toaletes, cadeiras confortáveis, iluminação adequada, boa acústica etc.) para evitar bloqueios à aprendizagem. [...] Os psicólogos ecológicos descobriram, por exemplo, que a cor influencia diretamente o humor; cores claras tendem a despertar estados de espírito alegre e otimista, enquanto cores escuras ou opacas induzem a sensações opostas.

Faz parte da tarefa do facilitador, ao preparar seu plano de aula, pensar em como "preparar o aluno", visando a criação de um "clima" que atenda às necessidades psicológicas do aluno. A tarefa do facilitador é, segundo Schutz (1989), conduzir o processo de inclusão dos participantes em todas as fases do processo.

## 3 Planejamento

Este aspecto sugere uma clara diferença entre o método tradicional e a Andragogia. A proposta envolve o aluno em todas as ações educacionais planejadas e pressupõe a necessidade de ele se autodirigir. A participação do aluno na tomada de decisão o torna comprometido por ter tido a chance de influenciar no processo. Na Andragogia, o facilitador adota o modelo de "facilitação da aprendizagem".

> [...] um princípio cardinal da Andragogia (e, na verdade, de toda a teoria de educação de adultos, é humanista) é que deve haver um mecanismo que inclua todas as partes envolvidas com a

atividade educacional em seu planejamento. Uma das principais conclusões das pesquisas comportamentais aplicadas é que as pessoas costumam se sentir compromissadas com uma decisão ou atividade em proporção direta de seu grau de participação ou influência no planejamento e na tomada de decisão. O oposto é ainda mais relevante: as pessoas tendem a não se sentirem comprometidas com qualquer decisão ou atividade que elas acreditem estar sendo imposta a elas sem que tenham tido a chance de influenciá-la (KNOWLES, 2009, p. 129).

Será que, para criar mecanismos de planejamento mútuo, o facilitador de "processos de aprendizagem" deve ir para a sala de aula sem ter um plano de aula? Sem ter um programa com objetivos claros?

É certo que não! O facilitador vem para a sala com o plano de aula preparado a partir do diagnóstico prévio, conforme demanda. Esse plano de aula é preparado seguindo os passos dos elementos do processo da Andragogia.

No plano, o facilitador define as ações que melhor atenderão às necessidades pensadas a partir do diagnóstico. Ainda assim, utiliza o espaço de sala para conduzir atividades que promovam oportunidades para que o aluno fale sobre sua experiência e forneça informações que ajudarão o facilitador na *acomodação do programa, visando as necessidades imediatas expressas pelos alunos em tempo real*. Atividades individuais ou em subgrupos que utilizem algumas perguntas, como as que seguem, constroem um pano de fundo para o facilitador definir por onde começar sua aula.

"O que você já sabe sobre este assunto?", "Como você pensa agregar valor ao que já sabe?", "Que desafios você enfrenta no seu dia a dia de trabalho relativo a este assunto?" Com estas perguntas você está em busca de informações fornecidas pelo grupo, que lhe darão a opção para ajustar o programa proposto para o curso, considerando o nível de aprofundamento conforme as necessidades apontadas.

Um ponto forte da Andragogia é a flexibilidade. O foco é no aluno e na prontidão e necessidade de aprender *percebida por ele*. O facilitador tem a opção de utilizar a **experiência** dos participantes para a condução do planejado.

Ao iniciar sua abordagem focando aspectos de temas apontados como prioritários pelos participantes, o facilitador abre espaço para introduzir, aos poucos, os conteúdos que precisam ser repassados e não corre o risco de ensinar o que o participante já sabe.

Essa articulação das informações dá ao aluno a percepção de que está fazendo escolhas para aprender o que faz sentido para ele e que atende a sua necessidade. E para você, como facilitador, dá a garantia de que está produzindo um ambiente adequado para que a aprendizagem seja efetiva. Esse elemento da Andragogia traduz bem a aprendizagem autodirigida e enfatiza a necessidade de autonomia para produzir os melhores resultados com o aluno adulto.

Em sua investigação com os alunos há possibilidade de eles terem interesse em ver um assunto diferente daquele que você planejou. Por isso, a importância de estar preparado e desenvolver a habilidade de apresentar o conteúdo a partir de qualquer parte do seu plano de aula, sem prejuízo do que foi planejado.

## 4 Diagnóstico das necessidades

Não haverá muita efetividade se você, como facilitador, disser ao aprendiz o que ele *tem que aprender*; pelo contrário, tenderá a ser criada de imediato uma barreira entre você e o aluno e uma forte resistência ao que você disser.

Quem precisa saber e ter consciência de sua necessidade de aprender é o aprendiz. Contudo, algumas vezes, essa consciência não está clara para ele naquele momento, e o aluno adulto geralmente tende a não aceitar a opinião externa sobre o que ele *deve aprender*.

A questão é que, se ele não tiver consciência de sua necessidade de saber, há grande probabilidade de a aprendizagem não acontecer de fato. Você, como facilitador, precisa encontrar opções habilidosas para conduzir o processo no sentido de levar o aluno a *descobrir por si* o que ele precisa aprender.

Como fazer para que ele perceba sua própria necessidade? Você, no seu papel de facilitador, tem a possibilidade de apoiá-lo para que ele descubra.

Em nossa prática como facilitadoras, iniciamos o processo convidando os alunos a participarem em atividades de autorreflexão e depois, em subgrupos, a entrarem em contato com o próprio trabalho.

Pedimos para que reflitam sobre o trabalho e seus desafios diários com as perguntas: "Há quanto tempo você trabalha nesta atividade?", "Quais desafios você tem enfrentado no seu dia a dia?", "Como tem sido o uso das ferramentas disponíveis?", "Quais são suas dúvidas mais frequentes?"

Mediante estas e outras perguntas, conforme o público e o contexto, fazemos um convite para que o indivíduo se dê conta de suas necessidades de aprendizagem, percebendo seus *gaps*.

É importante o aprendiz fazer essa reflexão e participar de uma discussão, em subgrupos, com seus pares. Essa discussão ajuda o participante a ampliar sua percepção.

Em nossa experiência, procuramos nos manter fora do foco. Percebemos que isso facilita a discussão entre os alunos e a entrarem em contato com as necessidades e lacunas que precisam preencher em seu dia a dia. Quando os alunos apresentam no grande grupo o resultado de suas discussões, temos informações para ajustar o diagnóstico das necessidades com a anuência deles.

Segundo Knowles (2009, p. 131), "a própria percepção sobre o que ele deseja se tornar, o que ele deseja ser capaz de alcançar e que nível ele deseja para sua *performance* são o ponto de partida na construção de um modelo de competências". Ainda, segundo o autor,

> [...] o principal elemento na avaliação das discrepâncias é a própria percepção do aprendiz sobre a diferença entre onde ele está agora e onde ele deseja (e precisa) estar. Assim, a avaliação é essencialmente uma autoavaliação, em que o desenvolvedor de recursos humanos oferece aos aprendizes as ferramentas e os procedimentos para obter dados e fazer julgamentos responsáveis sobre seu nível de desenvolvimento das competências (KNOWLES, 2009, p. 132).

A partir desse manejo estão os recursos necessários para, em comum acordo com o aluno, formular os objetivos do programa com base nas necessidades identificadas por ele mesmo e seus pares.

Facilita a ação no sentido de articular os conteúdos para fornecer aos aprendizes as ferramentas e os conhecimentos necessários para uma aprendizagem que resolva os problemas deles e que faça sentido para aprenderem novas habilidades, adquirirem novos conhecimentos e comportamentos.

## 5 Definição dos objetivos

Os objetivos da aprendizagem podem ser escolhidos e definidos pelo próprio aluno, que, ao usar de sua autonomia, dá um sentido próprio para as ações e tarefas que completam a aprendizagem.

"Que realizações o aprendiz deseja alcançar?", "Que mudanças essas realizações vão provocar?" Estas são algumas perguntas que permitem a formulação de objetivos em conjunto com os alunos. Os objetivos podem ser formulados ainda conforme os posicionamentos adotados por Houle:

> Os objetivos educacionais podem ser formulados em termos das realizações que o aprendiz deseja obter. Os objetivos educacionais podem ser também formulados em termos dos princípios de ação que têm a propensão de provocar mudanças desejadas no aprendiz. O entendimento e a aceitação dos objetivos educacionais progredirão se eles forem desenvolvidos de forma cooperativa. Um objetivo deve ser definido de maneira clara o suficiente para indicar a todas as mentes racionais exatamente o que se espera (HOULE, 1972, apud KNOWLES, 2009, p. 135).

Fica clara a necessidade da participação ativa do aprendiz no processo de estabelecimento dos objetivos para o efetivo comprometimento dele.

Cabe aqui o reforço do contrato claro no sentido de esclarecer quais habilidades e/ou atitudes observáveis espera-se alcançar para atender às necessidades exigidas pelo trabalho e pelo cargo. Também é recomendado definir de que forma vão conferir se foram atingidas.

## 6 Desenho dos planos de aprendizagem

O desenho dos planos de aprendizagem pode ser escolhido a partir do diagnóstico do facilitador e do autodiagnóstico identificado pelos alunos. O facilitador apoia os participantes a explorarem as próprias experiências como recursos para aprendizagem, por meio do uso de técnicas como discussão, dramatização, atividades práticas, estudos de caso, análise de filmes.

> O modelo de desenho da Andragogia envolve a escolha de áreas-problema que foram identificadas pelos aprendizes por meio de procedimentos de autodiagnóstico e seleção de formatos apropriados (atividades individuais, em grupo e de massa) para a aprendizagem, desenhando unidades de aprendizagem experiencial, utilizando os métodos e materiais indicados e organizando-os em sequência, de acordo com a prontidão dos aprendizes e de seus princípios estéticos (KNOWLES 2009, p. 137).

Mais uma vez, a flexibilidade do facilitador atua em favor de uma aprendizagem autônoma e autodirigida por parte do aluno adulto. O desenho do plano de aprendizagem ou roteiro da ação da aprendizagem pode ser feito pelo próprio aluno com apoio do facilitador em aulas ou programas de educação mais extensos.

O modo como o aluno vai percorrer sua trilha de aprendizagem precisa ser objeto de sua decisão, apoiada pelo facilitador.

## 7 Atividades de aprendizagem

O modelo da Andragogia e a forma de captar a atenção e introjetar conceitos de maneira eficiente preconizam o uso de técnicas experienciais e de investigação, dramatizações, atividades práticas, sejam individuais ou em grupos.

As principais vantagens dessas técnicas são:

**1 Praticidade**: a relação entre o que será ensinado e a vida real e imediata do adulto.

**2 Troca de informação**: a valorização da experiência anterior do adulto mediante discussões em grupo.

**3 Reflexão**: a utilização de técnicas que provoquem "desequilíbrio" nos conhecimentos já existentes, objetivando "abrir" espaço para novas informações. E tantas outras estratégias de condução de grupos de aprendizagem.

As metodologias ativas de um modo geral atendem ao requisito deste elemento da aprendizagem. Destaca-se a gamificação ou a aprendizagem gamificada.

A gamificação é uma das mais divertidas e engajadoras formas de construir aprendizagem para adultos. Na aprendizagem empresarial, é uma estratégia de engajamento que pode ser utilizada em diferentes momentos, especialmente quando há expectativa de que o participante do treinamento se expresse de forma autêntica.

A gamificação pode permitir a comunicação espontânea com pouco direcionamento do facilitador, evidenciando a autonomia e o autodirecionamento na busca de novas habilidades.

A gamificação consiste em trazer para as interações dos participantes do treinamento situações cotidianas por meio de elementos e mecânicas dos jogos, com o objetivo de gerar mais engajamento, dinamicidade, dedicação e prazer para as atividades.

O erro ao aplicar as atividades vivenciais, gamificadas ou não, está na sua condução isolada, sem um fio narrativo que alinhe essa atividade ao todo da aprendizagem que está sendo construída em conjunto por facilitador e aluno. É profundamente desmotivador para o aluno perceber que se dedicou a uma atividade que exigiu sua participação em tempo e energia e depois não conseguiu perceber nenhum sentido ou aplicação.

Sobre esse alerta e como fazer para as atividades vivenciais terem contexto e sentido com a aprendizagem há o conceito de Ciclo de Aprendizagem Vivencial (CAV), aprofundado no capítulo 6 deste livro.

## 8 Avaliação[8]

É difícil dissociar a avaliação do processo de aprendizagem de adultos. As ações de educar e avaliar acontecem simultaneamente: são essenciais e inseparáveis da educação concebida com base em solução de problemas, questionamentos, atividades práticas, experimentos, reflexão sobre a ação.

No dizer de Hoffmann (2005, p. 15), "um professor que não avalia constantemente a ação educativa, no sentido indagativo, investigativo do termo, instala sua docência em verdades absolutas, pré-moldadas e terminais".

---

8. SANT'ANNA, C.M. Andragogia: modelo de facilitação de aprendizagem de adultos. **Revista da SBDG**, Porto Alegre, v. 6, n. 6, set./2013.

Knowles (2009, p. 139) admite que "essa é a área de maior controvérsia e tecnologia menos evoluída em toda a educação, em especial na educação e no treinamento de adultos".

Na prática, o Contrato de Aprendizagem "soluciona o problema de oferecer um procedimento sistemático para envolver o aprendiz de maneira responsável, a fim de avaliar os resultados da aprendizagem" (KNOWLES, 2009, p. 142).

Acrescenta o autor:

> O aprendiz sabe se a aprendizagem atende a uma necessidade pessoal, se ela leva ao que o indivíduo deseja saber, se ela elimina a escuridão da ignorância que o indivíduo vivencia. A avaliação – pode-se afirmar – certamente está localizada no aprendiz (KNOWLES, 2009, p. 17).

Entendendo que a educação de adultos tem como concepção fundamental a educação continuada, podemos adotar o seguinte pensamento: se cada experiência de aprendizagem tem por objetivo expandir a aprendizagem, a educação continuada supõe então que cada processo de avaliação deveria incluir recursos para ajudar os aprendizes a reexaminarem seus modelos de competências desejadas e reavaliarem as discrepâncias entre o modelo e os seus níveis recém-desenvolvidos de competências. "Assim, a repetição da fase de diagnóstico torna-se integrante da fase de avaliação" (KNOWLES, 2009, p. 141).

Considerando as palavras do autor, que provisões ou recursos poderiam ser incorporados para ajudar os aprendizes a reexaminarem seus modelos de competências?

A palavra "provisão" é utilizada no sentido de que o facilitador dá aos alunos, de forma efetiva, prática e direta, recursos adequados de aferição de sua aprendizagem da mudança.

A literatura de avaliação de aprendizagem é cuidadosa com relação a utilizar medidas diretas de resultados *versus* medidas substitutas ou correlatas.

Por exemplo:

> [...] uma medida direta do resultado da aprendizagem de um conhecimento e/ou especialização desejados exigiria instrumentos para medir diretamente a mudança. Uma medida indireta de conhecimento poderia ser perguntar a si mesmo ou aos participantes se eles acharam que aprenderam bastante ou se ficaram satisfeitos com a aprendizagem. As medidas indiretas têm uma validade altamente questionável (KNOWLES, 2009, p. 193).

O autor acrescenta, citando Swanson e Fentress (1976):

> Pesquisas demonstram que as notas atribuídas pelos próprios participantes para a aprendizagem não estão relacionadas à aprendizagem real (ALLIGER; JANAK, 2989; ALLIGER et al., 1997; DIXON, 1991). Apesar de as autoavaliações serem geralmente confiáveis (consistentes), elas não têm credibilidade por sua precisão (válidas). Além disso, os participantes avaliadores podem ficar cheios de si por técnicas de influência feitas pelo instrutor (KNOWLES, 2009, p. 193).

Este é um argumento bastante convincente para refletir sobre cada processo de avaliação e incluir provisões ou recursos para ajudar os aprendizes a reexaminarem seus modelos de competências desejadas e reavaliarem as discrepâncias entre o modelo e seus níveis recém-desenvolvidos de competências, de forma observável.

Um recurso prático que temos utilizado é aplicar pré-testes antes de iniciar o programa. No final do programa aplicamos o pós-teste com as mesmas questões. Depois, o participante recebe o pré-teste e pode comparar quanto conhecimento adquiriu e como avançou no seu objetivo de aprendizagem.

Outro recurso é propor uma situação-problema para que a pessoa resolva à base do que aprendeu. Quando tratamos de temas técnicos ou teóricos no ambiente corporativo, utilizamos alguns questionários como roteiro de estudo. O participante tem a liberdade de consultar a literatura indicada e de pesquisar em outras fontes. O objetivo é que ele tenha uma linha lógica de estudo que o ajude a reter informações que vai precisar, a fim de alavancar sua realização e fazer a autoavaliação. Em seguida, ele é convidado a apresentar, em forma de seminário, a síntese do que descobriu e a aplicação disso no trabalho diário. A análise dessa situação-problema serve como base para avaliação e medição do aprendizado.

Outra forma apropriada de avaliação são as dramatizações, com o objetivo de ajudar o profissional a se desenvolver na sua habilidade de operar determinado procedimento. É criada a oportunidade para que o aluno escolha uma situação vivida no seu dia a dia. Ele apresenta uma cena e vivencia a situação experimentando-se no manejo daquela situação.

Essas dramatizações são filmadas com a permissão dos participantes. (Alerta: caso se decida fazer filmagens, é importante reservar um tempo a fim de preparar os alunos para verem sua imagem na tela e ouvirem a sua voz no áudio. Eles às vezes ficam impactados, precisam se acostumar a ver sua própria imagem. As gravações usualmente são depois apagadas para evitar uso indevido da imagem dos alunos.)

Depois de se apresentarem, eles assistem a filmagem e são convidados a relatar como se sentiram, o que perceberam e pensaram enquanto acontecia a situação imaginada. Então, refletem sobre o que e como fariam diferente à luz do que aprenderam. A partir dessa análise reflexiva recebem *feedback* útil dos colegas e do facilitador, se for preciso, para aprimorarem ainda mais sua prática. Refletem sobre o que aprenderam, o que precisam aprimorar e o que farão para isso.

Consideramos que, dessa forma, temos como contribuir para a avaliação, tanto do programa como do conhecimento adquirido, além de ouvir os sentimentos e as percepções do participante ao final do curso.

A avaliação está intimamente atrelada ao processo de aprendizagem, transforma-se em um momento vivencial rico e proporciona momentos agradáveis de aprendizagem visando resultados esperados.

Por fim, é notável como os elementos do processo da Andragogia são úteis ao facilitador como um roteiro para a criação das suas experiências de aprendizagem. Esses elementos se relacionam de diversas formas práticas com os princípios da Andragogia.

# OS ESTILOS DE APRENDIZAGEM

As pessoas não aprendem da mesma forma e nem aprendem todas as coisas do mesmo jeito. É notável como há diferenças de percepção em relação a um mesmo facilitador. Alguns alunos podem ter gostado muito da forma de expor o conteúdo, e outros terem morrido de tédio. Existem aqueles que se sentem especialmente motivados por trabalhos ou debates em grupo, enquanto outros tendem a ficar retraídos nessas atividades.

David Kolb identificou esse fenômeno de uma forma estruturada e construiu uma das mais poderosas ferramentas para ensinar adultos de forma eficiente: conhecer e respeitar o estilo de aprendizagem do adulto.

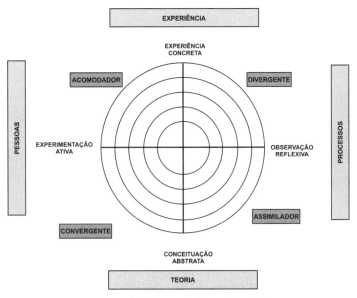

Fonte: ROSSETTI, F. Programa de Andragogia Avançado, 2019.

Neste quadro, para formar o conceito dos quatro estilos: Acomodador, Assimilador, Covergente e Divergente, Kolb combinou as ênfases em Pessoas em oposição a Processos, e Experiência em oposição a Teoria.

Esta ferramenta de Kolb culminou em um Inventário de Estilos de Aprendizagem simples que está no Anexo 2 e pode ser encontrado hoje na internet. Antes de prosseguir falando dos estilos, é muito importante frisar que se trata de um inventário informal e não de um diagnóstico da pessoa, e que os estilos devem ser usados para aprimorar as ações de aprendizagem para adultos, e não para criar estigmas.

Não se trata de uma ciência exata nem de um rótulo, e muito menos uma verdade absoluta. Ao conhecer os estilos, é válido conferir sua percepção conforme sua prática no dia a dia. Em que estilo você acha que propõe suas aulas? Segundo Kolb, o Inventário de Estilos de Aprendizagem foi projetado

> [...] como auxílio para ajudar você a identificar seu próprio estilo de aprendizagem. Os quatro modos de aprendizagem – experiência concreta, observação reflexiva, conceitualização abstrata e experimentação ativa – representa os quatro estágios do processo de aprendizagem. O inventário foi planejado para avaliar a importância relativa de cada um desses estágios para você, a fim de que possa ter indicação de quais modos de aprendizagem você costuma enfatizar. Nenhum deles é melhor ou pior do que qualquer outro (KOLB, 1978, p. 39).

Cada aprendiz aprende de forma diferente, obedecendo a sua individualidade e seguindo preferências e interesses. Cada indivíduo aprende determinados conteúdos de diferentes maneiras. Não existe estilo certo ou estilo errado, melhor ou pior.

Os estilos são uma linda ferramenta a serviço de tornar os treinamentos, aulas e quaisquer experiências de aprendizagem mais atraentes e eficazes para os adultos. Conhecendo os estilos é possível envolver os estudantes na sua própria aventura de descoberta para aplicar os aprendizados em sua vida e no futuro, num mundo em mudança é muito inspirador (ROGERS,1985).

Para o pleno aproveitamento da leitura deste capítulo é sugerido que você faça seu Inventário de Estilos de Aprendizagem antes de prosseguir. Você pode usar a ferramenta manual nos anexos.

## Características dos estilos de aprendizagem

### Acomodador

Este estilo combina Experiência Concreta e Experimentação Ativa (EC-EA).

Acomodação, no sentido formulado por Jean Piaget, embora seu trabalho tenha sido desenvolvido com crianças, pode ser entendida como um dos mecanismos da adaptação que estruturam e impulsionam o desenvolvimento cognitivo de qualquer indivíduo. É o processo pelo qual os esquemas mentais existentes se modificam em função das experiências e relações com o meio.

Pessoas com este estilo têm a habilidade de aprender primariamente com experiências "mão na massa". Para os que aprendem dentro deste estilo, provavelmente há um apreço em seguir seus planos envolvendo-se em novas e desafiadoras experiências. A tendência pode ser agir de acordo com a intuição, em vez de seguir a análise lógica. Na resolução de problemas pode ser que confiem mais em pessoas para obter informações do que propriamente em análises técnicas. Este estilo de aprendizagem é importante para o bom desempenho em carreiras orientadas para a ação, como *marketing*, produção ou vendas. Em situações formais de aprendizado as pessoas podem preferir trabalhar em grupo para finalizar o trabalho, para determinar objetivos, fazer pesquisa de campo e testar diferentes abordagens para completar o projeto.

O Estilo Acomodador em nossas observações parece ser prevalente, ao menos no Brasil, representando um total de estimados, mais de 50% dos resultados dos Inventários de Estilos de Aprendizagem realizados em nossas mais de 200 turmas com aproximadamente 5 mil alunos. Ou seja, metade dos respondentes tinham Predominância desse Estilo de Aprendizagem. Essa é uma informação importante para o facilitador preparar suas aulas.

Outros elementos do Estilo Acomodador estão na ênfase na aprendizagem social e em trocas com comunidades de aprendizagem. Sua Experimentação Ativa se traduz fortemente em trocar experiências com colegas. Assim, o binômio sentir e fazer define a forma preferida deste estilo de receber novas informações: há uma forte participação das suas emoções no processo, seguida da necessidade de colocar em prática. Caracteriza-se ainda por ter pouco medo de errar e perguntar.

### Divergente

Combina Experiência Concreta e Observação Reflexiva (EC-OR).

As pessoas com Estilo Divergente aprendem melhor combinando sensações com observações; ou seja, por meio de atividades práticas seguidas de uma análise. Elas têm muita sensibilidade estética e crítica e conseguem ver as coisas de perspectivas diferentes. Preferem observar primeiro em vez de agir; na verdade, aprendem a partir da observação. Pessoas com este estilo de aprendizagem gostam de situações concretas de aprendizagem. Essa abordagem das situações é mais para observar do que para agir.

Neste estilo, é provável que as pessoas aprendam com mais facilidade em situações que gerem ideias, como uma sessão de *brainstorming*. É comum que tenham um amplo interesse cultural e gostem de obter informações de diversos campos até chegar a uma conclusão. Essa habilidade e sensibilidade aos sentimentos são necessárias para o bom desempenho em carreiras artísticas, de entretenimento e prestação de serviços. Em situações de aprendizado formais, costumam preferir trabalhar em grupos para conseguir informação, ouvir com a mente aberta e receber *feedback* personalizado.

O Estilo Divergente é o menos prevalente, também de acordo com os inventários coletados em nossas turmas e nossas observações, representando um total de estimados menos de 10% dos resultados dos Inventários de Estilos de Aprendizagem. O binômio sentir e observar faz com que pessoas desse estilo sejam naturalmente questionadoras. Dessa forma, a geração do aprendizado para este estilo se dá através de perguntas sobre os fatos observados.

Pessoas com o estilo de aprendizagem Divergente têm uma forma considerada mais independente de pensar, e como têm pouca ênfase em pessoas, foco em processos, não se preocupam em concordar como grupo ou com a aceitação social nos processos de aprendizagem, mas desejam ver para entender as causas dos fenômenos e seu encadeamento lógico para completarem o aprendizado.

### Convergente

Combina Conceitualização Abstrata e Experimentação Ativa (CA-EA).

As pessoas com Estilo Convergente de aprendizagem apresentam raciocínio dedutivo, tomada de decisão, gosto por simulações e aplicação prática das ideias. Na medida em que combinam a Conceitualização Abstrata com a Experimentação Ativa, as pessoas com este estilo são as melhores para encontrar um uso prático para ideias e teorias.

A aprendizagem para essas pessoas não prescinde da teoria; porém, a ênfase está no "como" essa teoria será aplicada. É um estilo com habilidade de resolver problemas e encontrar soluções para questões. Pessoas deste estilo preferem lidar com tarefas técnicas e problemas práticos, não tanto com assuntos interpessoais ou sociais. Em situações formais de aprendizado pode existir a preferência por experimentar novas ideias, situações, tarefas laboratoriais e aplicações práticas.

O Estilo Convergente tem uma prevalência estimada entre 20% e 25% entre os Estilos de Aprendizagem. O binômio pensar e fazer permite às pessoas deste estilo de aprendizagem uma abordagem direta e técnica dos conteúdos. Sentem-se à vontade para trabalhar em grupo, mas muitos debates ou elucubrações intelectuais podem exasperar pessoas deste estilo, por sua abordagem geralmente prática das questões.

As pessoas deste estilo de aprendizagem têm a boa capacidade de adaptação e interlocução, sendo membros de grupo ativos em aprendizagem grupal. Com capacidade de encadear de forma lógica os acontecimentos e fatos, buscam logo uma aplicação para os problemas apresentados. A forma de aprendizagem favorita para pessoas deste estilo é receber conteúdos sob medida e nos quais possam se autodirecionar.

### Assimilador

Combina Observação Reflexiva e Conceitualização Abstrata (OR-CA).

A assimilação, para Piaget (1975), diz respeito à integração de novos elementos à estrutura já existente ou construída, seja ela inata, como no caso dos reflexos no recém-nascido, ou adquirida, a partir das modificações do conteúdo da estrutura inata inicial. A investigação de Piaget era o desenvolvimento cognitivo da criança. Contudo, entendemos que o pensamento do autor nos dá base para entender que o desenvolvimento cognitivo se dá em estágios que obedecem a uma sequência linear e progressiva, sendo estes universais e, portanto, iguais para todos os indivíduos humanos, independente da cultura Piaget (1975; 1995). Assim, o estilo de aprendizagem Assimilador é o que consegue mais facilmente estabelecer relações abstratas entre os conceitos anteriores e novos que estão sendo recebidos.

Pessoas com este estilo são melhores em entender uma grande quantidade de informação e colocar isto de forma concisa e lógica. Há a capacidade de organizar a informação e de encontrar padrões de análise. Aqueles que possuem o Estilo Assimilador são em geral menos focados em pessoas e mais interessados em ideias abstratas e conceitos.

Geralmente, pessoas com este estilo acham mais importante que a teoria tenha algo de lógico do que valor prático. Ser Assimilador é importante para o bom desempenho em carreiras ligadas à informação e à ciência. Em situações formais de aprendizado, pessoas deste estilo podem preferir palestras, leituras, exploração de modelos analíticos e ter tempo para pensar a respeito.

A combinação do binômio pensar e observar dá a este estilo de aprendizagem um caráter de cautela na aprendizagem de novos conceitos e uma necessidade de perceber a credibilidade do que está sendo apresentado para então questionar seus conceitos já formulados. Olhar o todo e as partes é uma das características das pessoas deste estilo de aprendizagem, como também a capacidade de criar esquemas e usar a lógica do passo a passo para adquirir e exprimir novos aprendizados.

A prevalência do estilo de aprendizagem Assimilador está em estimados 20% a 25%, ao menos no Brasil, sendo possível inferir que um quarto dos participantes de uma ação de aprendizagem possua esse estilo.

## Como preparar uma aula ou treinamento usando os estilos de aprendizagem

O primeiro passo é conhecer seu próprio estilo de aprendizagem preenchendo o inventário. Isso é muito importante porque nossa tendência natural é organizar nossas aulas e preparar experiências de aprendizagem seguindo nosso próprio estilo. Pode acontecer ainda de replicarmos o estilo predominante de nossos professores. Desse modo, os alunos que têm o estilo de aprendizagem similar ao seu aproveitarão bem a aula e, para todos os demais, pode ser que o treinamento não faça sentido, não responda aos seus anseios ou seja simplesmente chato e maçante. Alguns poderão ficar confusos e ter dificuldades de entender por que os caminhos dos seus pensamentos seguem por outros canais.

Por exemplo: se o seu estilo prioriza a **teoria** e você prepara a sua aula privilegiando somente esse estilo, certamente dará uma aula com riqueza de informações importantes, fornecendo os fundamentos teóricos, as pesquisas que mais se destacaram na descoberta de tal tema; citará os autores que escreveram sobre este assunto, as fontes onde poderão encontrar outras referências etc.

Contudo, o que pode acontecer se você não tiver entendimento das diferenças de estilos dos demais alunos da classe? Para o aluno que prioriza o **processo**, será um problema. Ele ficará ansioso e perdido com tantas informações. Fará muitas perguntas para avançar no tema, ficará confuso, porque ele se preocupa com o passo a passo, do **como** se faz. Ele precisa apenas de algumas poucas informações teóricas e quer saber como se faz de imediato.

Os alunos que priorizam a **prática** tenderão a ficar impacientes e a achar que você está "enrolando". Talvez perguntem: "**O que** é para fazer?" ou "E então, quando vai começar a aula?" Eles geralmente têm mais pressa.

Os que priorizam a **reflexão e observação** talvez perguntem a si mesmos: "Como assim? Não vamos ver outras possibilidades?", "Antes não deveria haver uma discussão mais ampla?", "Que tal, primeiro, um *brainstorming*?"

E você, que prioriza a **teoria**, tenderá a ficar irritado com esses alunos porque está dando a eles o que de mais importante há para *você*. A aprendizagem tende a ficar obstruída e sua frustração bem grande.

As perguntas que os alunos dos estilos diferentes do seu fazem não têm, em geral, a intenção de incomodar. Eles precisam entender como as coisas funcionam em seu próprio canal de aprendizagem. Uma estratégia que consideramos útil para o processo é o facilitador apresentar um leque de atividades em que cada aluno possa ser contemplado em seu estilo preferencial, de modo a garantir o aprendizado efetivo para todos. No papel de facilitador, ou mesmo de gestor em uma organização, a tarefa é ensinar da forma como seu aluno aprende melhor. Assim, a aprendizagem tende a acontecer de forma mais rápida e efetiva.

Abaixo estão descritas sugestões de como adaptar sua abordagem falando "a língua" de cada estilo. São indicações práticas de como você pode dar aula para alunos de cada estilo, com mais probabilidade de acerto, entendendo mais os seus alunos e a você mesmo.

Você pode recorrer à descrição dos estilos sempre que precisar relembrar características mais marcantes de cada um deles, não se esquecendo de que seus alunos também reúnem características dos quatro estilos, assim como você.

## Como escolher atividades para atender a cada estilo

### Acomodador

Combina Experimentação Ativa e Experiência Concreta (EC-EA) (sentir e fazer).

Questões favoritas: De que maneira? E se?

Indicação: O facilitador deve maximizar a oportunidade para que os alunos possam descobrir coisas por eles mesmos.

1) A programação de atividades focadas na prática contribui para a aprendizagem deste estilo. A parte teórica tende a ser ignorada no primeiro momento. O aluno deseja saber **para que** e **onde** ele vai usar o que está aprendendo.

2) A inclusão de atividades vivenciais, em grupo, que simulem situações da vida real é bem-vinda. Atividades criativas, inovadoras e desafiadoras são cativantes para este estilo.

3) A criação de um ambiente de confiança, cordialidade e receptividade, para este estilo, vale mais do que argumentos técnicos.

4) O aluno que privilegia este estilo tende a confiar na orientação do professor, com o qual deseja criar empatia.

5) Há uma reação favorável quando auxiliado a aprender fazendo. Ele gosta de ação.

6) É importante deixar que ele trabalhe sozinho, ou com seu grupo, sem interferência, até ter chegado a um resultado. Depois, dar *feedbacks* permitindo mais liberdade na experiência de aprendizado.


**Divergente**

Combina Experiência Concreta e Observação Reflexiva (EC-OR) (sentir e observar).

Questão favorita: Por quê?

Indicação: Para esses alunos, a postura do facilitador deve ser motivadora.

1) Neste estilo, o aluno gosta de ver como se faz, permitindo que ele primeiro observe a totalidade do que vai aprender. Então, mostre as várias opções de como se faz determinado procedimento.

2) Aprendem com maior facilidade em ambiente no qual a troca de ideias seja valorizada entre as pessoas.

3) Favorecimento de atividades em grupo, debates, teatro e simulações.

4) Usar estímulos variados, os exemplos e as informações; evitar repetições e monotonia.

5) Preferem as respostas individualizadas às perguntas do que formular, ou atenção específica nos momentos em que isso for possível.

6) É importante dar permissão para ele se arriscar e perceber que não há problema em errar, pois está em um ambiente seguro.

**Convergente**

Combina Conceitualização Abstrata e Experimentação Ativa (CA-EA) (pensar e fazer).

Questão favorita: Como?

Indicação: Para ser efetivo com alunos deste estilo, o facilitador trabalha como um treinador, oferecendo um guia prático e *feedback* útil para transferir habilidades, tutoria.

1) Usar abordagens em que rapidamente o aluno perceba a aplicação prática da teoria.

2) Exercícios, situações de grupo e simulações são formas de experimentação e facilitam o aprendizado para este estilo.

3) Preferem trabalhar com problemas reais para resolver e encontrar a solução.

4) Apreciam ter à disposição a fonte das informações. Precisam se sentir seguros para aplicá-las.

5) Aprendem melhor em um ambiente de aprendizagem amistoso e acolhedor. Apesar de focados na técnica, esses alunos precisam de segurança.

**Assimilador**

Combina Observação Reflexiva e Conceitualização Abstrata (OR-CA) (pensar e observar).

Questão favorita: O quê?

Indicação: Nesse caso, o professor terá êxito ao agir como um especialista e transmitir conhecimento.

1) As fontes das informações que você está trazendo é o interesse inicial; não se contentam em que se diga para eles: "É assim porque é, e pronto".

2) É importante ajudar o aluno a se sentir seguro diante das informações que estão sendo passadas, explicando os conceitos envolvidos.

3) O aluno precisa de tempo para absorver e assimilar a informação antes de colocá-la em prática. O ritmo dele pode ser mais lento do que o do restante da turma, porque ele em geral precisa pensar e fazer correlações antes de partir para a ação.

4) É essencial a permissão para que ele observe primeiro o que será feito, em sua totalidade e em partes.

5) Funciona bem alternar atividades em grupo com atividades individuais.

## Observações finais para usar os estilos de aprendizagem

Até aqui deve ter ficado claro o quanto é desafiador e empolgante preparar uma aula usando o modelo da Andragogia e mais ainda agora com o conhecimento sobre os estilos de aprendizagem. É um tanto paradoxal, pois usar o método da Andragogia pode dar muito mais trabalho para o facilitador num primeiro momento; porém, ao compartilhar a responsabilidade do processo de aprendizagem o facilitador tira das suas costas o peso de ser a fonte suprema de toda a informação.

Este aspecto do modelo da Andragogia permite, em tese, que um facilitador de aprendizagem crie um ambiente propício para ensinar até mesmo algo no qual ele não é especialista. Ou seja, se o facilitador possui a habilidade de fomentar um ambiente de busca de conhecimento, conhece e respeita os Estilos de Aprendizagem de seus alunos, ele pode atuar apenas como agente de gestão dessa busca de conhecimento, sem necessariamente dominar o conteúdo, mas dominar os processos de busca do conhecimento.

Da mesma forma, os estilos de aprendizagem podem chamar à reflexão sobre a preparação de uma aula que contemple os quatro estilos de aprendizagem numa experiência de aprendizagem. Com um pouco de prática e genuíno esforço de compreensão empática, isso é possível e se torna muito recompensador para o facilitador.

Além disso, é bom lembrar que as pessoas aprendem coisas diferentes com estilos de aprendizagem diferentes. No inventário proposto por Kolb, todos apresentamos pontuações nos quatro estilos. Isso significa que possuímos os estilos desta forma:

1) Estilo preferencial – a maior pontuação. É o estilo no qual aprendemos com menor esforço envolvido.

2) Estilo secundário – a segunda maior pontuação. É o estilo que dá colorido ao preferencial e que podemos utilizar quando necessário.

3) Estilo de apoio – a terceira maior pontuação. É o estilo que somos capazes de usar em maior ou menor grau se desafiados para isso.

4) Área de desenvolvimento – é a última pontuação e marca a área de desafio de desenvolvimento. Possivelmente, é o estilo no qual demandará nossa atenção, tanto em nosso poder de aprender quanto em nosso modo ensinar pessoas.

Para exemplificar a afirmação acima: posso me valer de um estilo para aprender inglês e de outro para aprender a fazer uma torta de maçã; trabalhar em um estilo para produzir minha tese de doutorado e em outro para entender uma engrenagem mecânica. Isso quer dizer que o indivíduo tem opções para utilizar o estilo que melhor se adapte à situação no aqui e agora.

Nem sempre poderemos aplicar o Inventário de Estilos de Aprendizagem nos participantes antes de um treinamento ou aula; por isso, o desafio de estar preparado para os quatro estilos. Por outro lado, o facilitador tem como identificar o estilo predominante em sua sala de aula em determinada situação por estar atento ao processo de comunicação e aos comportamentos que se instalam em cada momento, demonstrados pelas interações sociais entre os alunos e com o facilitador. Pelos tipos de dúvidas que surgem e pelo teor das perguntas, é possível identificar se os alunos estão buscando mais o **processo**, a **teoria**, a **experimentação** ou as **relações pessoais**.

O principal desafio é ensinar de um jeito diferente do seu jeito e mais parecido com o dos alunos. Confira, na representação a seguir, os estilos opostos que exigirão mais atenção e empenho da parte do facilitador para se orientar e falar "a língua" do estilo oposto ao seu.

**Para analisar e refletir**

Na figura abaixo você consegue identificar qual é o desafio? Por quê?

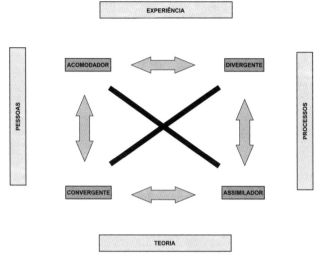

**Características dos estilos de aprendizagem**

Fonte: ROSSETTI, F. *Programa de capacitação docente para professores da língua inglesa*. São Paulo, 2012.

Uma ação de aprendizagem eficaz e prazerosa precisa contemplar os quatro estilos com toda a elegância, sem achar que todo mundo aprende do mesmo jeito que você. É possível perceber que, em todos os estilos, os alunos gostam de um ambiente que promova respeito, inovação e técnicas diversificadas.

O modelo da Andragogia é um sistema de técnicas, práticas e métodos que pode ser adotado ou adaptado por completo ou em parte. Não se trata de um modelo rígido que tenha que ser aplicado totalmente e sem modificações. Uma característica essencial da Andragogia é sua flexibilidade.

O modelo da Andragogia não se encaixa a todas as situações ou pessoas, nem é exclusivo para adultos. As crianças respondem bem a essa forma de aprender, e bons resultados são alcançados atualmente na pedagogia moderna.

Os pressupostos da Andragogia são aplicáveis nas crianças, considerando que as crianças de hoje têm um repertório muito vasto de conhecimentos e desenvolveram muito cedo atitudes que as habilitam a aprender com mais facilidade no modelo autodirigido.

Desde bem pequenas, as crianças vão para a escola, e isso lhes permite experimentar a prontidão para algumas aprendizagens de forma semelhante aos adultos.

As crianças e os jovens também têm problemas e dúvidas existenciais que gostariam de ver resolvidos e, por isso, muitos dos princípios da Andragogia lhes são aplicáveis da mesma forma que a pedagogia é aplicável a adultos.

Ao fim, o modelo da Andragogia engloba o modelo pedagógico. O que determina a utilização de cada método é a maturidade do aprendiz, a complexidade do conteúdo, o nível de conhecimento da matéria.

Muitas vezes é preciso alternar as ações educativas partindo de uma abordagem pedagógica para, depois, prosseguir no modelo da Andragogia conforme as necessidades do aluno. As diferenças individuais e situacionais modificam os objetivos e propósitos para a aprendizagem.

O ponto de partida apropriado e as estratégias para a aplicação do modelo da Andragogia dependem da situação, do conteúdo, da pessoa envolvida e dos objetivos a serem alcançados.

Algumas questões para reflexão vão contribuir para fechar esse tema e preparar para o próximo assunto, Ciclo de Aprendizagem Vivencial (CAV), que também é uma teoria de Kolb, derivada desta.

- Como o conceito de estilos de aprendizagem pode contribuir para a atitude do facilitador na construção e aplicação dos programas instrucionais em sala de aula?

- Ao entender seu próprio estilo de aprendizagem, como é possível atuar melhor em sala?

- Como esse conhecimento pode orientar você ao aplicar os princípios e os elementos da Andragogia?

- Como o conhecimento deste assunto implica na forma de organizar seu plano de aula seguindo os passos dos elementos da Andragogia?

# O CICLO DE APRENDIZAGEM VIVENCIAL (CAV)

O Ciclo de Aprendizagem Vivencial ou CAV é uma ferramenta que se refere ao modo de aprender baseado na interação dos participantes do grupo durante uma atividade experiencial de treinamento ou desenvolvimento. Este conceito foi desenvolvido por David Kolb (1978) e tem estreita relação com o conceito de estilos de aprendizagem.

Ao se envolverem na atividade vivencial proposta, os participantes conseguem analisar criticamente, extrair *insights* úteis e aplicar seus resultados na vida pessoal e profissional, de forma a consolidar a aprendizagem com alto nível de eficiência.

As diversas metodologias ativas, amplamente difundidas na atualidade, têm sua matriz conceitual no CAV. Sala de aula invertida, aprendizagem baseada em projetos, aprendizagem baseada em problemas e inúmeras estratégias de gamificação se tornam mais bem-sucedidas ao utilizar a vivência para consolidar novas informações e fomentar a aplicação prática dos conhecimentos adquiridos.

Para criar esse conceito, Kolb se baseou nas ideias de John Dewey, Jean Piaget e Kurt Lewin, de quem foi discípulo. Kolb apresenta quatro passos sequenciais que completam o Ciclo de Aprendizagem: **atividade, análise, conceituação e conexão**[9].

A importância de se apropriar dessa ferramenta relacionada à educação de adultos é que as ações educativas para esse público precisam ter muita ênfase na aplicação e utilidade do conhecimento. Assim, "aprender fazendo" ou aprender a partir de vivências é particularmente favorável para as experiências de aprendizagem com adultos.

Muitas são as atividades vivenciais que podem ser usadas nesse modelo: jogos, exercícios, discussões, análise de filmes, leitura, resolução de problemas e outros que de agora em diante, neste texto, serão chamados pelo termo "estímulos".

Alguns profissionais podem se confundir e chamar esses estímulos de "dinâmicas de grupo", dizendo que vão "aplicar uma dinâmica". O termo "dinâmica de grupo", quando utilizado para se referir a exercícios ou atividades aplicadas nos grupos, é teoricamente inexato. Não se aplica a dinâmica.

O primeiro a utilizar o termo "dinâmica" relacionado a grupos foi Kurt Lewin (1945). Na época, o vocabulário das ciências sociais era bastante marcado por termos oriundos da Física, e foi nesse sentido que ele introduziu o termo "dinâmica". Na Física, dinâmica é o ramo que estuda o movimento de um corpo e as causas desse movimento. Essa interação é descrita por um conceito chamado força. Por analogia, Kurt

---

9. Existem, na literatura, variações de nome para este recurso, tais como: "Ciclo de Kolb", "Processo Vivencial", "Aprendizagem Vivencial". Também são encontrados modelos que incluem outros passos adicionais como formas de se referir ao mesmo processo de análise da aprendizagem vivencial, tais como: relato, vivência, processamento, generalização, aplicação.

Lewin utilizou-se desse conceito para explicar, de forma ilustrativa, as interações sociais e as forças que as comandam a dinâmica em um grupo.

Sendo assim, fica evidente que **dinâmica** é o que ocorre na inter-relação dos participantes do grupo a partir de um **estímulo** proposto. Um campo de forças é criado. É esse movimento que interessa no **processo** da aprendizagem.

A partir dessa compreensão, em educação não faz sentido apresentar as chamadas "dinâmicas de grupo" com o objetivo de obter respostas meramente lúdicas e escassas de significado nos mais diversos ambientes. A profundidade dessa metodologia está em observar a dinâmica que se forma nos grupos a partir dos estímulos e quais as melhores intervenções a fazer, apoiando o grupo no caminho da aprendizagem e da mudança.

A efetividade da aplicação desses estímulos só é atestada quando atendidos critérios de leitura do **processo grupal** e completadas as etapas do CAV.

> A dinâmica dos grupos pressupõe conhecimento profundo dos processos grupais e vai além da mera aplicação de técnicas de dinâmica de grupo. É notável que os participantes dos treinamentos identificam sentimentos negativos quando são objeto de técnicas desligadas de seu contexto ou do sentido da aprendizagem. A aprendizagem de adultos requer muito respeito ao saber e experiência anteriores dos participantes (ROSSETTI, 2004, p. 82).

As consequências da aplicação incompleta do CAV ou ainda de atividades vivenciais descontextualizadas foram identificadas por Rossetti na pesquisa e observação com participantes de treinamentos corporativos de 102 empresas da região sul do Brasil no período de 2003 a 2010.

> 45% mencionaram que em algum momento sentiram-se constrangidos ou infantilizados, sobretudo durante as vivências e exercícios de dinâmica de grupo. Algumas músicas e "brincadeiras" foram citadas como fonte de aborrecimento, constrangimento e sentimento de ridículo. 72,5% citaram que têm dificuldade em ver a relação entre o que foi visto nos cursos e sua prática diária de trabalho. As falas dos entrevistados mostravam uma não conexão entre a realidade vivenciada no treinamento e a realidade da empresa. "[...] no treinamento tudo funciona, mas nosso dia a dia não é assim." 30% mencionam que não sabem para que são aplicadas as técnicas de dinâmica de grupo e jogos vivenciais nos treinamentos. Alguns se referiam a essas técnicas como "brincadeiras", e ao fim do treinamento não seriam capazes de estabelecer uma relação prática com o treinamento e seu trabalho (ROSSETTI, 2004, p. 83).

Segundo os dados coletados, Rossetti (2004, p. 80) afirma que "é notável que os participantes de treinamentos identificam sentimentos negativos quando são objeto de técnicas desligadas de seu contexto ou do sentido da aprendizagem". Alguns depoimentos extraídos dessa pesquisa dão conta da gravidade de se aplicar atividades que não conseguissem criar conexão entre facilitador e participantes, entre os participantes e com a realidade dos participantes:

> C 24: "Não, não tem nada a ver; *é só bobagem, falação e brincadeiras...* [sic]".
> C 27: "Nós fazíamos dinâmicas sobre como seria prevenir um ataque terrorista, e eu não entendi qual era o objetivo daquilo para a empresa [sic]".

C 29: "Precisava ficar falando de umas coisas sobre você nas brincadeiras tipo dinâmica [sic]" (ROSSETTI, 2004, p. 81).

Para além dos depoimentos coletados nessa pesquisa, são muito frequentes os relatos de participantes adultos de treinamentos ou outras ações corporativas que se apresentem como traumatizados por alguma "dinâmica de grupo" que sofreram. Porém, isso não significa que esses estímulos não devam ser usados. Muito pelo contrário: pode-se inferir, a partir dessa experiência, que os adultos precisam viver, experimentar e perceber a conexão dos conceitos apresentados em sua vida e no trabalho.

Na Aprendizagem Vivencial usam-se todos os sistemas representativos dos sentidos da visão, da audição, do olfato e do tato, contando também com emoções e sentimentos como fatores preponderantes durante a vivência. Os passos do CAV possibilitam a reflexão sobre a atividade na busca de um aprendizado que faz sentido, o que leva o aluno a ter consciência de aspectos que precisam de sua atenção especial rumo a mudanças.

## As etapas do CAV

As quatro etapas do Ciclo de Aprendizagem Vivencial estão descritas abaixo, e é interessante observar que elas correspondem aos fenômenos de preferências de aprendizagem de cada um dos quatro estilos de aprendizagem vistos no capítulo 5. De imediato, isso significa que seguir as quatro etapas do CAV por si só é uma estratégia para o facilitador atender a todos os estilos de aprendizagem dos alunos. É também uma forma de exigir do participante o desenvolvimento de capacidades de aprendizagem ligadas aos seus estilos de aprendizagem secundário e de apoio.

As quatro etapas do CAV:

1) Experiência Concreta (EC) – Atividade.

2) Observação Reflexiva (OR) – Análise.

3) Conceituação Abstrata (CA) – Conceituação.

4) Experimentação Ativa (EA) – Conexão.

A imagem abaixo representa o Ciclo de Aprendizagem Vivencial e será usada para entender os fenômenos que acontecem no decorrer dele. A figura destaca as quatro fases ou os quatro passos sequenciais e interdependentes do ciclo, conjugados com os estilos de aprendizagem: **Atividade (EC)**, **Análise (OR)**, **Conceituação (CA)** e **Conexão (EA)**.

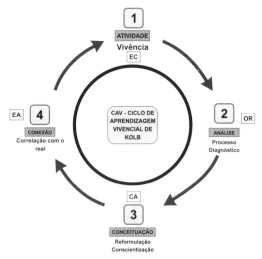

Fonte: ROSSETTI, F. Curso de Formação de Andragogia Avançado, 2019.

A ordem das etapas é importante e pode ser descrita da seguinte forma:

1) Os alunos são convidados a se envolverem em novas experiências. Esse é o momento em que se aplica o estímulo (Vivência ou Experiência Concreta).

2) A seguir o aluno é convidado a refletir sobre essa experiência, a se observar e também os demais (Análise ou Observação Reflexiva).

3) Os conceitos teóricos relacionados ao que se vai aprender são apresentados, de forma que o aluno seja capaz de integrar seus conceitos às suas observações e reformular conhecimentos (Conceituação ou Reformulação Conceituação Abstrata).

4) Na fase final o aluno tem subsídio para tomar decisões para mudanças, resolver problemas e fazer a conexão com sua realidade (Conexão ou Experimentação Ativa).

Para cada uma dessas etapas podem ser observados diversos fenômenos grupais diferentes que ajudam ou atrapalham a aprendizagem. Na figura abaixo, esses comportamentos estão detalhados.

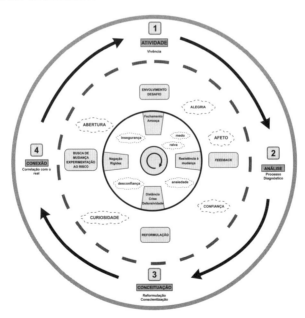

Fonte: ROSSETTI, F. Curso de Andragogia Avançado, 2019

Duas formas observáveis de comportamento dos participantes, e que necessitam de atenção do facilitador, estão representadas aqui. Dentro do círculo interno menor estão os comportamentos observáveis quando os participantes se apresentam fechados e desconfortáveis. No círculo pontilhado estão nomeados os comportamentos quando os participantes se apresentam envolvidos e aproveitando a atividade de forma efetiva.

O aluno vive sua experiência pessoal e, na interação social que se estabelece em cada momento com seus pares, surge o despertar para a aprendizagem de cada um e de todos.

**Etapa 1 – Atividade ou vivência**: São os exercícios propostos aos alunos, tais como: "resolução de um problema, simulação comportamental, dramatização, jogos, processo decisório, comunicação, exercícios verbais e não verbais" (MOSCOVICI, 2001, p. 12). Também pode-se utilizar análise de vídeos, construção colaborativa, inventários.

O grupo recebe as instruções para a tarefa e se envolve na atividade resolvendo a situação apresentada. As atividades vivenciais podem ser aplicadas em ambientes presenciais e remotos. A dinâmica que se apresenta nos grupos também acontece nos ambientes virtuais, ainda que com necessidade de ressignificação do espaço e tempo da ação.

Os objetivos da tarefa podem ser descritos com verbos com mais ação, como: "explorar", "examinar", "estudar", "identificar", "vivenciar", "analisar".

Quando terminada a atividade, o grupo é convidado a se sentar em círculo, ou abrir as câmeras, ou ainda voltar das salas simultâneas de preferência, seguindo para o passo seguinte: a análise.

**Etapa 2 – Análise:** Nesta fase, prioriza-se o compartilhamento de sentimentos e emoções dos alunos. É um momento para analisar a interação entre os indivíduos, em nível tanto cognitivo quanto afetivo, enquanto a atividade estava se desenvolvendo. O aluno tem a oportunidade de rever como foi sua participação durante a atividade, como agiu.

Esta é uma das mais importantes e negligenciadas etapas do CAV; é ela que dá sentido ao uso de Aprendizagem Vivencial, pois, ao refletir sobre sua atuação e fazer um diagnóstico sobre si mesmo no processo, o aluno entra em contato com aspectos produtivos ou problemáticos de sua atuação e aprende algo sobre si.

Na troca de percepções e sentimentos descobrimos que um mesmo fato pode ser observado de diferentes ângulos por pessoas diferentes. Na riqueza da ampla reflexão e discussão sobre a experiência vivida fica evidente que o **processo** – o **como** alcançar o resultado – é mais importante do que o resultado obtido na tarefa.

Trata-se de um momento mobilizador de energia emocional pela descrição livre de sentimentos, emoções e opiniões. O autodiagnóstico produz *insights* valiosos para o processo de aprendizagem.

Nesta fase, o objetivo é que os participantes se deem conta; isto é, percebam os padrões de comportamento e as interações que tiveram durante a atividade a partir de relatos pessoais e da observação do que aconteceu. E para ajudar os alunos a entrarem em contato com o que aconteceu, é papel do facilitador permitir que eles relatem brevemente o ocorrido, sem interrupções.

As intervenções do facilitador devem ser breves. Sem dúvida, será necessário lidar com algum nível de silêncio do grupo. Recomendamos insistentemente que esse silêncio seja respeitado, e não preenchido por novas perguntas ou respostas que nós, como facilitadores, gostaríamos de incluir.

Algumas perguntas úteis para esse momento podem ser em torno dos seguintes itens relacionados com a tarefa no momento do relato:

- O que aconteceu?
- Como se organizaram?
- Por que aconteceu de tal forma?

Em seguida pode-se avançar para a análise e conduzir a reflexão para o **processo** a partir de perguntas do tipo:

- Quais foram seus sentimentos e percepções?
- O que pensavam durante a atividade?
- Faria diferente em outras vezes? Por quê?

O momento da análise é a hora de dar voz ao grupo. O facilitador faz mínimas intervenções e explicações. É momento de exercitar a capacidade de lidar com alguns silêncios do grupo, que precisa refletir para expressar sentimentos e percepções.

Nos ambientes virtuais de aprendizagem é possível usar outros recursos além da fala que deixem os participantes mais à vontade, como o chat ou aplicativos de interatividade que coletam de forma anônima a contribuição dos participantes. Dependendo do tamanho do grupo, isso pode ser útil até no ambiente presencial, pois as pessoas mais introvertidas tendem a não se expressar, apesar de terem contribuições importantes a trazer para o grupo.

Um outro recurso para facilitar a expressão dos participantes nesta fase é colocá-los em subgrupos com três a cinco pessoas. Num grupo menor, as pessoas tendem a se sentir mais à vontade para falar e fazer a análise. Esse recurso vale para ambientes presenciais e remotos.

**Etapa 3 – Conceituação**: "Para que se possa aprender com a experiência, torna-se necessário organizar esta experiência e buscar o significado com a ajuda de conceitos esclarecedores" (MOSCOVICI, 2001, p. 12).

Nesta etapa, que também pode ser chamada de **generalização**, o facilitador supre intelectualmente o aluno com material didático, fornecendo a base teórica dos conhecimentos a serem adquiridos.

O aluno adulto pode passar a entender seus sentimentos e a fazer elaborações pessoais de "mapas cognitivos", dando significado ao seu aprendizado. Tenderá a entender quando e como repete padrões improdutivos manifestados na experiência vivida. Em outras palavras, o grupo faz comparações e analogias entre a atividade vivenciada e o conteúdo teórico que dá base à aprendizagem.

Esta é uma etapa do ciclo que tem forte ênfase em conteúdo, mas isso não precisa significar uma extensa parte expositiva ou leitura de centenas de *slides*. Pelo contrário, os próprios alunos, estimulando sua autonomia, podem ser convidados a fazer a exploração da teoria disponível. Se os conteúdos da ação de aprendizagem ou curso foram disponibilizados antes para os alunos, tanto melhor, pois este será o momento de eles próprios trazerem o que aprenderam dos conceitos e suas dúvidas. Nesta fase, a metodologia ativa da sala de aula invertida se torna especialmente atraente.

O facilitador pode apresentar questionamentos para estimular os alunos, no seguinte teor:

• O que o autor X afirma sobe o assunto que vocês acreditam ser possível colocar em prática?

• Com o que concordam e com o que discordam do exposto no material de apoio deste curso?

• Se vocês fossem dar uma palestra sobre este tema, quais tópicos seriam prioridade?

Este é um momento muito rico de criatividade e inovação dentro do grupo. O embate de ideias, as discordâncias ou mesmo conflitos podem ser usados para canalizar o aprendizado e o pensamento crítico. Este é o grande momento para fugir da educação conteudista, na qual apenas se despejam informações amorfas sobre os alunos.

Nesta fase do CAV pode acontecer também um momento expositivo de forma tradicional, com *slides* ou outro recurso com o qual o facilitador se sinta à vontade. A exposição de conteúdos não está proscrita dentro do método da Andragogia, mas acrescenta-se a essa forma algumas recomendações sobre o tempo de exposição e a distribuição das exposições ao longo da aula ou do curso todo.

A recomendação de tempo de exposição de conteúdo pode variar de acordo com o público, e não existe uma definição absoluta nem por parte de teóricos da educação nem por parte de neurocientistas. Assim, o mais usual e percebido como efetivo são exposições de 15 minutos, distribuídas ao longo do curso. O facilitador precisa considerar ainda que o tempo de concentração em exposições de conteúdo varia de indivíduo para indivíduo; portanto, é bom optar por aquilo que mais tenha abrangência. É válido ressaltar ainda que esse tempo de atenção concentrada das pessoas pode estar diminuindo em razão da aceleração das comunicações e prevalência das redes sociais.

**Etapa 4 – Conexão**: Esta etapa também pode ser denominada **aplicação**. Neste passo, a atividade aplicada é analisada quanto à sua compatibilidade com a vida do aluno. O aluno é convidado a construir pontes de sentido entre a experiência vivida e a prática do seu dia a dia. O foco está em fazer a **conexão** com seu contexto de trabalho e de vida.

Cada participante elabora suas conclusões e planeja a aplicação do que foi aprendido em novas formas de conduta. Nesta etapa podem ajudar os seguintes questionamentos:

- O que você pode fazer para colocar em prática os aprendizados obtidos na atividade?
- De que maneira você pretende aplicar esses aprendizados?
- Que semelhanças existem entre o que aconteceu na atividade e os desafios do grupo no dia a dia?
- O que você fez ou deixou de fazer na atividade e faz no dia a dia?

Os *insights* sobre aspectos inadequados vivenciados contribuem para a modificação de comportamentos disfuncionais em todos os níveis, e isso se reflete no grupo.

Ao propor atividades comuns à vida real dos membros do grupo e que deem margem à **aplicação** em suas atividades diárias, o facilitador promove um ambiente de aprendizagem significativa. A partir daí os alunos partem para o planejamento de novos rumos. É nesta fase que os participantes estabelecem não só conexão com o conteúdo, mas com o facilitador e entre os membros do grupo. Esta conexão é provavelmente a parte que os participantes vão lembrar de todo o treinamento meses depois. Por isso é tão forte e significativo registrar este momento, construir planos de ação individual e firmar compromissos de mudança para que a aprendizagem atinja seus objetivos.

Nesta etapa, ferramentas de registro individual e grupal da aprendizagem são muito importantes para gerar a fixação e o compromisso. Essas ferramentas podem ser desde um simples caderno individual de anotações até uma agenda de mudança ou plano de ação mais estruturados.

Por fim, nesta última etapa do CAV pode-se identificar a importância e conexão orgânica com as outras ferramentas do método da Andragogia. Se não foram feitos o diagnóstico das necessidades (elementos do processo da Andragogia) e o levantamento das expectativas (Contrato de Aprendizagem), o facilitador não terá meios para conseguir planejar suas atividades vivenciais que de fato possuam conexão com seus alunos. Todas as ferramentas da Andragogia são interligadas e mais do que simples técnicas para se aplicar, mas pressupõem mudança profunda no modo de ser do facilitador e na forma com que se apresenta diante dos alunos.

Agora vamos examinar outros desafios na vida do facilitador ao aplicar uma atividade vivencial. Voltando à figura apresentada nesta seção, podemos examinar que lidamos com receios e momentos nos quais parece que estamos sozinhos no esforço da aprendizagem. Não é incomum que o facilitador se depare com alunos que não desejam entrar no processo. Essa barreira pode acontecer por inúmeros motivos, e o CAV nos ajuda a identificar pontos para diagnosticar esse estado do grupo.

No círculo pontilhado podemos ver os comportamentos e atitudes quando o aluno está "aberto" ao processo de Aprendizagem Vivencial. No círculo interno cinza estão os comportamentos e atitudes do aluno quando está "fechado" para o processo. Ambos os tipos de comportamento são visíveis para o facilitador, mesmo que oriundos de fatores inconscientes dos membros do grupo.

*O aluno no ciclo "aberto"* – O aluno pode entrar "aberto", considerando a experiência como uma oportunidade para seu crescimento pessoal. Nesse caso, ele se envolve nas atividades, considerando-as como um desafio a ser experimentado. Na fase da análise/processamento, faz reflexões, descobre padrões repetitivos que deseja modificar a partir de autodiagnóstico e tem *insights*. Ao chegar à conceituação/generalização, compreende os aspectos teóricos e seu significado, conscientiza-se e reformula sua forma de pensar e agir, fazendo a conexão/aplicação com o real, escolhendo as mudanças que fará, propondo-se a experimentar e a correr riscos calculados em novas vivências.

*O aluno no ciclo "fechado"* – O aluno pode perceber a experiência como desfavorável e "se fechar". Isso pode acontecer em função de sua história de vida e de outros fatores. Ele pode se sentir ameaçado, enquanto pessoa e profissional, e não se envolver. Esse aluno não participa de forma efetiva na vivência, mostra-se rígido e superficial, às vezes se colocando na defensiva, apenas como observador. Como facilitador, é aconselhável que você observe os movimentos e as atitudes desse participante para perceber sua atuação, dificuldades e necessidades a serem atendidas. Na segunda etapa, análise/processamento, ele tende a ficar confuso e em crise entre seus sentimentos e percepções e os de seus colegas. Terá dificuldades em ouvir *feedback* e, de forma rígida, poderá bloquear sua comunicação e seu relacionamento com seus colegas. A partir desse ponto fica sem recursos para tirar proveito das fases de conceitualização/generalização e conexão. Há probabilidade de ele estar rememorando experiências negativas, criando ressentimentos e diminuindo a motivação para atividades vivenciais aplicadas no treinamento. Nos passos seguintes, o participante pode contestar a teoria apresentada por não perceber como a vivência retrata aspectos de sua vida real. A etapa conceitual poderá não fazer sentido para ele. Assim, esse participante acaba por não reunir elementos para vivenciar a quarta fase, que seria a conexão/aplicação com seu dia a dia.

A Aprendizagem Vivencial pode eventualmente não conduzir aos resultados desejados, como acontece com qualquer outra modalidade de aprendizagem. Note o que diz Moscovici (2011, p. 13):

> A aprendizagem depende de fatores internos e externos, do aprendiz e da situação. Entre os fatores internos figuram a maturidade, a motivação, as aptidões, a inteligência e a experiência anterior. Entre os fatores externos incluem-se os diversos elementos componentes da situação de aprendizagem, tais como conteúdos e metodologia, a personalidade e o desempenho do coordenador (professor ou facilitador de aprendizagem), as pessoas que formam o grupo, as relações interpessoais no grupo, o clima psicossocial de funcionamento do grupo; enfim, as variáveis dinâmicas físico-ambientais e psico-sócio-emocionais da situação-contexto em que ocorre a aprendizagem.

As situações acima descritas, quando manejadas adequadamente, dão ao facilitador a oportunidade de apoiar o aprendiz adulto a reformular seu autoconceito, entendendo as variáveis presentes. A aprendizagem significativa tem mais probabilidade de acontecer quando os participantes são conduzidos de forma harmoniosa e sequencial pelo CAV, trabalhando em grupo e integrados como indivíduos.

Mas o que fazer na prática se perceber que um participante está no ciclo "fechado" e não vai tirar proveito da atividade? Alguns procedimentos antes e durante a atividade podem ajudar nesse desafio.

O "antes" das atividades vivenciais num treinamento basicamente envolve seguir as principais recomendações das ferramentas da Andragogia:

- Contrato de Aprendizagem: Nesta fase, combinar com os participantes que serão utilizados métodos de Aprendizagem Vivencial e que a participação e o sigilo do grupo serão fundamentais.

- Princípios da Andragogia: O princípio 2 – autoconceito do aprendiz nos ajuda a entender que o participante de um treinamento precisa se sentir aceito e ser tratado como adulto para se integrar à aprendizagem. Se ele perceber que está sendo infantilizado durante uma atividade vivencial, esse princípio estará sendo desrespeitado. Assim, ele é fundamental na hora de escolher quais atividades vivenciais usar.

- Elementos do processo da Andragogia: O elemento 1 – preparar o aluno ajudará muito quando feita a comunicação prévia sobre a forma que será usada naquela aula ou treinamento. O aluno já sabe de antemão o que esperar e evita que sinta constrangimento na hora de uma atividade vivencial.

• Estilos de aprendizagem: Todos os estilos de aprendizagem identificados por Kolb são contemplados durante uma atividade vivencial que siga as etapas do CAV. Dessa forma, o facilitador pode identificar que as várias etapas de uma atividade serão mais ou menos interessantes para os alunos, conforme o estilo de aprendizagem de cada um.

E "durante" a atividade? O que fazer se identificar um participante "fechado" à proposta de atividade? É importante que se entenda as razões do participante, sem julgamento. Podem ser enumeradas algumas razões para o comportamento negativo, como: ter experiências desagradáveis de autoexposição; associar experiências vivenciais a "dinâmicas" e "brincadeirinhas", nas quais se sentiu ridicularizado e não percebeu os objetivos da autoexposição; ser tímido ou ter baixa autoestima, necessitando ser encorajado a se expressar.

É necessário deixar claro que a pessoa não é obrigada a participar das atividades. Contudo, para que o participante não perca o processo, pode-se usar como alternativa dar a ele o papel de observador. Nesse papel, ele recebe a tarefa de observar o que e como está acontecendo a atividade sem participar dela. É orientado a se posicionar de forma que veja e ouça claramente o que está sendo feito e falado no grupo, sem interferir no andamento da vivência. Faz anotações de como a vivência está sendo realizada e como as relações interpessoais acontecem durante a atividade.

Ele *não* avalia, apenas anota os dados e os fatos sem julgamento. Também anota seus sentimentos no papel de observador, fora do grupo naquele momento. Depois de realizada a atividade, no momento da análise o participante que ficou no papel de observador junta-se ao grupo e senta-se no círculo, ao lado do facilitador.

Após os participantes se expressarem, ele terá um espaço para fazer seu relato de observação. É convidado a relatar o que percebeu, sem julgamento, apenas relatando dados e fatos, seguindo um roteiro simples sugerido pelo facilitador. Não é necessário fazer uma descrição de cada detalhe do que aconteceu. É então convidado a expressar seus sentimentos e dizer o que descobriu sobre si mesmo ao participar dessa atividade no papel de observador.

Esta é uma experiência interessante porque às vezes a pessoa não quer participar devido a algum receio pessoal. Ao viver o papel de observador são dadas à pessoa a Permissão e a Proteção de decidir não participar, mas, em contrapartida, ela não fica de fora do processo porque tem uma participação bastante importante.

Ao passar a tarefa de observação é apropriado dar um roteiro mínimo ao participante. Esse roteiro pode conter os direcionamentos para observar e anotar:

- Como aconteceu a comunicação?
- Como foi o processo de liderança?
- Como ocorreram as relações interpessoais?
- Como foram tomadas as iniciativas?
- Como foi a distribuição do material e utilização dos recursos?

É importante que esse roteiro esteja relacionado com os objetivos da atividade proposta. A principal vantagem de usar essa estratégia é que o facilitador dá ao participante a oportunidade de dissipar seus temores e descobrir por si mesmo a riqueza da experiência, sentindo-se respeitado.

Os participantes tenderão a perceber que a aplicação correta dos quatro passos sequenciais do CAV resulta em aprendizagem significativa se as atividades vivenciais tiverem objetivos claros e vinculados com o dia a dia deles. Pode-se afirmar que, após a experiência como observador, o participante que apresentava dificuldades tenderá a interagir com desenvoltura no decorrer das experiências de aprendizagem.

Durante a atividade, o aluno tem a oportunidade de fazer sua própria experiência de aprendizagem. Ao terminar, é dado a ele espaço para refletir a respeito e desenvolver opiniões individuais e coletivas. As reflexões sobre a experiência se transformam em conceitos, e estes são integrados no treinamento.

As perguntas para desenvolvimento do raciocínio do grupo em cada passo do CAV são para estimular que o grupo se expresse. O facilitador fará o exercício de lidar com sua ansiedade e suportar momentos de silêncio do grupo sem o interromper com múltiplas perguntas ou antecipação de "explicações". O grupo precisa refletir, pensar, entrar em contato com seus conteúdos internos e se organizar antes de iniciar suas reflexões.

Se a escolha de procedimentos do facilitador for por atividades vivenciais, completar o CAV é indispensável. Considerar a interdependência das fases preconizadas por Kolb evita que os participantes encarem os exercícios como distração sem sentido.

# 7

# O FAZER DA ANDRAGOGIA À LUZ DE CONCEITOS DA ANÁLISE TRANSACIONAL[10]

Este capítulo complementa a perspectiva do uso da Andragogia associada a conceitos da Análise Transacional que nos trazem à consciência a importância de ampliarmos o olhar para o aprendiz adulto, levando em conta a sua especificidade no modo de aprender. Atende ao objetivo de estabelecer uma conexão entre a Andragogia e AT.

Nos capítulos sobre contrato, princípios da Andragogia, elementos do processo da Andragogia, estilos de aprendizagem, ciclo vivencial da aprendizagem pudemos demonstrar a aplicação de conceitos da AT como Imago Grupal, Quadro de Referência, Permissão e Proteção.

Neste capítulo, a ideia é abordar a compreensão de conceitos da AT que contribuem para gerar apoio para que os

---

10. Texto adaptado do artigo Andragogia e Análise Transacional – Ampliando o olhar para o aprendiz adulto. **Revista Brasileira de Análise Transacional – Rebat**, anos XXV e XXVI, 2016 e 2017.

alunos resgatem sua autoimagem e autoestima, pontuados no capítulo 3.

Falaremos de Autonomia, Estados de Ego, Posições Existenciais e Transações.

Segundo Krausz (1999, p. 25), a Análise Transacional, criada pelo psiquiatra canadense Eric Berne, tem como proposta central compreender o comportamento das pessoas, sua diversidade e complexidade. Ele aborda a personalidade humana como um sistema bio-psico-social aberto e dinâmico, constituído de subsistemas denominados Estados do Ego (KRAUSZ, 1999, p. 25). O objetivo principal das intervenções em Análise Transacional é a obtenção da Autonomia. Ser autônomo é controlar a própria vida, assumir a responsabilidade pelos próprios sentimentos, pensamento e comportamentos, vivendo no aqui agora, livre dos padrões inadequados. Berne (1988) considera que obter a Autonomia é desenvolver consciência, espontaneidade e intimidade, capacidades inatas no ser humano. Algumas vezes, entretanto, elas são limitadas por situações estressantes ou traumáticas no decorrer da vida. Contudo, podem ser recuperadas por decisão pessoal, terapia e também via educação.

Ao conhecer e aplicar os conceitos da AT, o facilitador de aprendizagem tem opções para criar um ambiente que permite o adulto participar ativamente do seu processo de desenvolvimento mediante a compreensão e escolha consciente de mudança de fatores pessoais, emocionais e de conduta numa relação de paridade denominada, na Análise Transacional, relação OK/OK, definida da seguinte forma:

> Característica daqueles que respeitam a si próprios e aos outros, que têm capacidade de re-

conhecer suas qualidades e limitações, que têm uma visão realista da vida, capacidade de aprender com os seus erros e equacionar seus próprios problemas. [...] Propõem-se metas alcançáveis na vida e as alcançam, sem que para isso tenham que prejudicar alguém (KRAUSZ, 1999, p. 84).

Ao examinar as suposições básicas sobre os adultos aprendizes identificados por Lindeman, entendeu-se que as bases da teoria da AT dão suporte para o "fazer" da Andragogia.

Para justificar a nossa opção pela aplicação de conceitos da teoria da AT em programas de capacitação docente no modelo da Andragogia[11], consideraremos neste capítulo a primeira e a quarta suposições de Lindeman (1926), comparando-as com o conceito de Autonomia da AT.

A primeira suposição de Lindeman (1926) é: "Os adultos são motivados a aprender conforme vivenciam necessidades e interesses que a aprendizagem satisfará" (apud KNOWLES, 2009, p. 44). Compare com o conceito de autonomia da AT, segundo a qual, "A obtenção de autonomia é manifestada pela liberação ou pela recuperação de três capacidades: consciência, espontaneidade e intimidade" (BERNE, 1977, p. 155, 157).

O autor prossegue explicando o significado de cada uma dessas capacidades.

---

11. Já coordenamos, de 2010 até o final de 2017, 135 turmas de capacitação docente no modelo presencial *in company*, com o tema: "Um olhar para o aprendiz adulto – Andragogia e Análise Transacional na *educação* corporativa". Atendendo um público de mais de 3.900 docentes e gestores, além de *workshops* em congressos e cursos abertos ao público em São Paulo, Rio de Janeiro, Salvador, Santos, Curitiba, Florianópolis e Caxias do Sul. Em 2015, o programa foi adaptado para atender também no modelo EAD, e até o final do primeiro semestre de 2017 foram ministradas onze turmas nessa modalidade. Considerando a modalidade *online*, totalizam, até 2022, mais de 200 turmas e de 5.000 alunos.

A pessoa *consciente* está viva porque sabe o que sente, onde está e o momento em que vive. A capacidade de ver e ouvir de uma maneira própria, e não do modo como se foi obrigado. *Espontaneidade* significa opção, liberdade de escolher e de exprimir sentimentos existentes na coleção que cada indivíduo tem disponível (sentimentos do pai, do adulto e da criança). Significa estar liberto da compulsão de ter apenas os sentimentos que se aprendeu a ter. *Intimidade* é a sinceridade sem jogos de uma pessoa consciente, a liberdade da criança perceptiva e incorrupta em toda a sua ingenuidade vivendo no aqui e agora (BERNE, 1977, p. 157; grifos acrescidos).

A coincidência dos objetivos da AT e da Andragogia preconizam que o adulto deve entender primeiro por que ele precisa saber algo que lhe será ensinado. Ele precisa compreender a utilidade, que problema dele será resolvido ao desenvolver determinada atividade ou habilidade. Considera que o adulto é capaz de saber onde está, o que sente e o momento em que vive.

O reconhecimento e clareza desses aspectos produzem a motivação para o adulto querer aprender. Isso implica autonomia.

## Entendendo comportamentos manifestados por alunos em início de aulas

Para essa compreensão consideremos a quarta suposição de Lindeman, o autoconceito do aprendiz, à luz dos conceitos de Posições Existenciais, Estados de Ego e Transações da AT.

Os adultos têm uma forte necessidade de se autodirigir; portanto, o papel do professor é o de

> se envolver em um processo de questionamento mútuo com eles, em vez de transmitir seu conhecimento a eles e, a seguir, avaliar seu grau de conformidade com o que foi transmitido (KNOWLES, 2009, p. 44).

Acrescenta o autor:

> Os adultos possuem um autoconceito de serem responsáveis pelas próprias decisões, pela própria vida. Uma vez que eles tenham chegado a esse autoconceito, há uma profunda necessidade psicológica de serem vistos e tratados pelos outros como capazes e de se autodirigir. Eles se ressentem e resistem a situações nas quais percebem que os outros estão impondo suas vontades sobre eles. Isso traz um sério problema para a educação de adultos: tão logo começa a participar de uma atividade chamada "educação", "treinamento" ou qualquer outro sinônimo, o adulto regride ao condicionamento de suas experiências escolares anteriores, coloca o chapéu de dependência, cruza os braços, encosta-se na cadeira e diz: "Ensine-me". Essa suposição da necessidade de dependência, assim como o subsequente tratamento do facilitador dos alunos adultos como crianças, cria um conflito dentro desses alunos entre seu modelo intelectual – aprendiz é igual a dependente – e a necessidade mais profunda, talvez até subconsciente, de se autodirigir (KNOWLES, 2009, p. 70-71).

As palavras do autor confirmam algumas situações comuns para quem trabalha no papel de facilitador de turmas de alunos adultos. Algumas vezes, ao iniciar um curso para adultos, estes parecem ter regredido à sua infância, fazendo brincadeiras, gracejos e perguntas descontextualizadas. Às vezes tornam-se agressivos e irreverentes.

Para entendermos essa questão, nós a examinemos à luz da compreensão de três conceitos da Análise Transacional: Estados de Ego, Posição Existencial e Transações.

**Estado de Ego**: Cada ser humano apresenta três estados de Ego. Pai, Adulto, Criança. Estado de Ego, segundo Berne é "unidade básica da personalidade" (BERNE, 1988, p. 25). São "subsistemas coerentes de sentimentos e pensamentos manifestados por padrões de comportamentos correspondentes".

Olhando a situação acima sobre alguns comportamentos de alunos adultos ao chegarem para uma sala de aula, pela compreensão do conceito de Estado de Ego podemos inferir que eles entram em sala inicialmente com o EE Criança energizado. Quando isso acontece, significa que suas emoções e sentimentos tendem a revelar ansiedade, confusão e resistência por uma situação que parece paradoxal para ele: como ser adulto e aluno? Por alguns minutos, o aluno adulto tende a retomar um modelo mental de experiências anteriores com sala de aula. Isto é, ser aluno é ser dependente, atitude que revela uma Posição Existencial menos/mais (-/+); ou seja: "Eu não estou OK/Você está OK".

O conceito de **Posição Existencial** é definido pela AT como

> A forma como percebemos a nós em relação às outras pessoas. Ou ainda, são juízos de valor ou conceitos de si mesmo e dos demais adquiridos na infância através de tomadas de decisões, muitas vezes imaturas e irreais, uma vez que são baseadas nas condições precárias de criança para raciocinar e pensar objetivamente diante de realidade. Existem quatro posições existenciais básicas, organizadas na sequência e descritas a seguir

(1) Eu estou OK ou (2) Eu não estou OK. (3) Você está OK ou (4) Você não está OK (BERNE, 1988, p. 81-83).

Para um professor que conhece os conceitos de Estado de Ego e Posições Existenciais, qual seria a melhor Transação com alunos que estão atuando no Estado de Ego Criança, acumulando ainda o sentimento de (-/+) diante da situação? Primeiro vamos entender qual a definição de **Transação**:

> a capacidade humana da comunicação; ou seja, a capacidade de solucionar conflitos sem criar outros. Analisar e compreender relacionamentos. Conviver de forma harmoniosa no grupo, negociando acordos. Resolver dificuldades de relacionamento, exercitando o reconhecimento. Desenvolver a comunicação assertiva e habilidosa. Exercitar a aceitação, promovendo um relacionamento amistoso com as pessoas. "É a unidade da ação social" (BERNE, 1988, p. 32).

A partir desse conceito, qual seria a melhor comunicação no papel de professor para não confirmar o modelo mental do aluno adulto, atuando no seu EE Criança numa posição existencial (-/+)? Em alguns casos, os professores reforçam esse sentimento por fazerem abordagens a partir do seu EE Pai Crítico no circuito negativo. Abordagens nesse Estado de Ego Pai são autoritárias e potencializam ainda mais o EE Criança dos alunos no circuito negativo, além de confirmar sua Posição Existencial mais/menos (-/+).

Os conhecimentos desses conceitos de AT ajudam o professor a entender que os alunos estão passando por um processo passageiro ao lidar com sua ansiedade e confusão diante da pergunta inconsciente e paradoxal: "Como devo agir na aula? Como adulto ou como criança?"

O conhecimento dos conceitos básicos da AT, tais como apresentados, é ótima estratégia para o professor lidar com essas e outras questões relacionadas com a interação professor/aluno. O conhecimento e a aplicação de outros conceitos da AT que não estamos abordando neste livro, como Reconhecimento[12], Estruturação Social do Tempo e Jogos Psicológicos, ajudam o professor a entender suas próprias reações emocionais e as dos alunos, encontrando novas maneiras para resolver antigos conflitos, a rever seus conceitos pessoais e a encontrar novas opções de vida.

Trata-se de uma quebra de paradigma. As pessoas, de um modo geral, não estão acostumadas a tomar conta de sua aprendizagem, de seu processo de desenvolvimento. Conhecimentos que tendem a contribuir para que os professores compreendam essa necessidade psicológica do aluno adulto, fazendo sua comunicação adulto-adulto. Aqui vale relembrar que o EE Adulto não se relaciona com a idade da pessoa. É um dos subsistemas do Estado de Ego, organizado para a realidade corrente e a coleção objetiva de informação. "É organizado, adaptável, inteligente, e funciona testando a realidade, avaliando probabilidades e calculando desapaixonadamente" (JAMES; JONGEWARD, 1977, p. 32). Isto é, tanto o facilitador como o aprendente se comunicam dentro do EE Adulto, o que eleva a qualidade da comunicação. Por uma postura adequada do ponto de vista da Andragogia e da AT, haverá grande probabilidade de não se confirmar a suposição de menos valor e dependência do aluno. No início das suas relações com o aluno, o facilitador demonstrará, pela sua postura, que o

---

12. Termos grafados com iniciais maiúsculas porque estão sendo utilizados como conceitos da AT.

considera um parceiro no processo de ensino/aprendizagem. Os conceitos de EE, PE e Transações são fundamentais para que os professores compreendam essa dinâmica das relações com seus alunos.

A AT oferece uma forma possível de sustentar a ação educacional em valores de convivência humana, básicos e universais. A Andragogia contém um conjunto de procedimentos que auxiliam na construção de um plano de aula, tendo o aluno como foco. A familiarização com essas teorias contribui para um "fazer" em sala de aula que promove comunicação efetiva e autonomia entre educador e educando.

A seguir será apresentado um quadro comparativo de alguns tópicos das abordagens contemporâneas da educação, com a inclusão de comentários sobre a AT, ressaltando a sua consistência teórica na educação.

As ações em sala de aula construídas em torno desses fundamentos e princípios tendem a ter bastante êxito. O educador, ao se apropriar desse referencial teórico, terá à sua disposição um saber operacional que o ajudará a promover ainda mais uma educação que liberta pelo saber e que, somada ao estímulo para um pensar e agir cooperativamente, pode acelerar a criação de um ambiente de aprendizagem em que possivelmente florescerá indivíduos que construirão organizações mais eficazes, que assegurem vida digna a seus integrantes e à comunidade que os cerca.

O exame do quadro abaixo, à luz do referencial teórico da AT, dá indicações de seu potencial como recurso da Andragogia. O conjunto de conceitos criados por Berne merece consideração detida em função de seu valor prático.

| Paradigmas da educação | Tradicional e comportamentalista | Humanista | Cognitivista | Sociocrítica | Análise Transacional |
|---|---|---|---|---|---|
| **Competências** | Obediência, memorização, repetição de fatos e respostas corretas, destreza manual, resistência à fadiga. | Intuição, autoconceito, pensar criativo, síntese, emoção, sentimentos, valores, ética. | Razão, lógica, operações mentais, pensar crítico, análise, argumentação, julgamento, discernimento. | Aplicação, pragmatismo, iniciativa, empreendedorismo. | Consciência, espontaneidade, autenticidade transparência, relacionamento (transações). |
| **Paradigmas contemporâneos da educação** | Mecanicista e tecnicista. | Escola nova, renovada e não diretiva. | Desenvolvimentista, educação libertadora. | Progressista, crítica social dos conteúdos. | |
| **Pilares da educação para o século XXI** | Saber. | Saber ser e conviver. | Saber aprender. | Saber fazer. | Integra os quatro pilares da Unesco. |

| Gerais | | | | | |
|---|---|---|---|---|---|
| O aluno é levado a ter contato com as grandes realizações da humanidade; ênfase nos modelos, nos especialistas e no professor; pensamento analítico, linear e racional, enfatiza as partes, e não a relação entre elas; dominação, controle, normas; primazia do objeto; modeladora do comportamento humano; organiza o processo de habilidades, atitudes e conhecimentos específicos. | Sujeito como o principal elaborador do conhecimento humano; ênfase nas relações interpessoais, na vida psicológica e emocional; autoconceito; conteúdos advêm das experiências dos alunos; visão sistêmica e do processo integrando conhecimento, autonomia, criatividade, intuição, síntese e pensamento não linear; enfatiza o aprender a se comunicar, questionar, observar, manter-se aberto aos novos conceitos, criar, buscar informações de forma contínua. | Investigação dos processos mentais do indivíduo; aprendizagem é mais do que um produto do ambiente; predominância interacionista; ênfase na capacidade do indivíduo de integrar informações e processá-las. | Preocupação com a cultura popular; indivíduo, sujeito de um processo cultural; síntese de tendências como humanismo, existencialismo, marxismo; preparação do indivíduo para o mundo adulto; aquisição e difusão dos conteúdos concretos e contextualizados; o saber a serviço da transformação das relações de produção. | Mediante aplicação de técnicas que podem ser utilizadas na educação, propicia a compreensão do como e do porquê as pessoas agem, pensam e sentem da maneira que o fazem. Cada pessoa é um ser original e único que utiliza os recursos da sua personalidade de forma diferenciada. | |

| Paradigmas da educação | Tradicional e comportamentalista | Humanista | Cognitivista | Sociocrítica | Análise Transacional |
|---|---|---|---|---|---|
| **Desenvolvimento e integração das diversas dimensões do ser humano** | | Nas dimensões ser/conviver: favorecem a comunicação intergrupal e o trabalho em equipe; desenvolvem atitudes de respeito ao posicionamento dos demais; desenvolvem o sentimento de pertencer a um grupo; desenvolvem atitudes de colaboração, convivência, solidariedade, | Na dimensão aprender: aprendizagem significativa; desenvolvimento da capacidade, processamento, ordenação e elaboração da informação; desenvolvimento das habilidades de comunicação e da capacidade crítica (PRAXIS, 2001, p. 53). | Na dimensão fazer: facilitam a passagem da ideia para a ação; desenvolvem o hábito de prever futuros possíveis; propiciam aprender com a própria experiência; desenvolvem a autodisciplina na execução das tarefas (PRAXIS, 2001, p. 54). | O conjunto de conceitos da AT, aliados aos princípios dos quatro pilares, favorece uma educação que conecta o educando com as diversas dimensões do ser humano porque examina o seu funcionamento integral mediante o verdadeiro contato com o seu próprio mundo interior por meio de diálogo sincero e de momentos de |

| | | | | | |
|---|---|---|---|---|---|
| | | justiça e democracia (PRAXIS, 2001, p. 54). | | | reflexão silenciosa; a ênfase na autonomia de vida imprime o senso de responsabilidade pelas próprias ações e pelas consequências para si e para a sociedade onde vive. |

| Paradigmas da educação | Tradicional e comportamentalista | Humanista | Cognitivista | Sociocrítica | Análise Transacional |
|---|---|---|---|---|---|
| Educação | Modelos preestabelecidos; papel de ajustamento social; ligada à transmissão cultural; finalidade: promover mudanças nos indivíduos; implica a aquisição de novos comportamentos e/ou modificação dos já existentes; preparação para atuar numa sociedade industrial e tecnológica. | Centrada no indivíduo em processo de aprendizagem; criar condições que facilitem a aprendizagem; objetivo: liberar a capacidade de autoaprendizagem para o desenvolvimento intelectual e emocional; valorização da busca da autonomia em oposição à heteronomia; firmar a autodescoberta e a autodeterminação. | Que o indivíduo aprenda por si próprio a conquistar a autonomia intelectual; processo de socialização e democratização das relações; deve buscar novas soluções, criar situações que exijam o máximo de exploração por parte dos indivíduos e estimulem novas estratégias de compreensão da realidade. | Deve ser precedida de uma reflexão sobre o homem e de sua análise do meio de vida desse homem; dá-se enquanto processo em um contexto que deve ser considerado; importância na passagem das formas mais primitivas de consciência para a consciência crítica. | Celebra e faz uso construtivo de pontos alternativos e em evolução da realidade e das formas múltiplas de conhecer; não são somente os aspectos intelectuais e vocacionais do desenvolvimento humano que necessitam de orientação e cultivo, mas também os aspectos físico, social, moral, estético, criativo, intuitivo... enfatiza as implicações de grande significado para a ecologia e a evolução humana e planetária. |

| **Objetivo pedagógico** | Comportamental e com função do professor sobre o conteúdo ministrado. | Estimular o conhecimento e o desenvolvimento das potencialidades individuais – cognitivas – de ser pessoa, de conviver e, principalmente, de ser criativo por meio do atoconhecimento e da capacidade de interação com o grupo. | Desenvolver o pensamento superior, reflexivo e crítico, com uma atitude de investigação e de organização do conhecimento; ou seja, aprender a conhecer e a pensar. | Transformar a teoria em ação; isto é, aplicação do conhecimento em uma prática refletida e planejada; trata-se de educar para o êxito; envolve o processo de atendimento das necessidades individuais e do empreendimento por meio do trabalho como fator de sobrevivência, contribuição para a melhoria da sociedade. | Equipar o indivíduo com um conjunto perceptual, conceitual, afetivo e de ação global que é utilizado para definir o *self*, as outras pessoas e o mundo, tanto estrutural quanto dinamicamente (SCHIFF, 1975, p. 49-50). |
|---|---|---|---|---|---|

| Paradigmas da educação | Tradicional e comportamentalista | Humanista | Cognitivista | Sociocrítica | Análise Transacional |
|---|---|---|---|---|---|
| **Professor/aluno** | Relações verticais; professor detém o poder decisório quanto a metodologia, conteúdo e avaliação; professor é transmissor da verdade a ser absorvida; disciplina imposta e obediência exigida; instrutor determina o que deve ser aprendido, planeja, prepara e repassa informações, dados, conteúdos e conhecimentos; modela respostas apropriadas aos objetivos instrucionais; | Professor e aluno: responsabilizam-se pelos objetivos referentes à aprendizagem que tenha significado para o aluno; professor reconhece a interdependência entre os processos de pensamento e a construção do conhecimento; explora múltiplas perspectivas; incentiva a busca de alternativas e propicia um ambiente que aproxima, une e distingue; vê a | Professor: cria situações para provocar desequilíbrios, trazer desafios, propiciando condições em que se possam estabelecer reciprocidade intelectual e cooperação ao mesmo tempo moral e racional; indivíduo em processo de aprendizagem; papel ativo; professor deve conhecer os conteúdos e a estrutura de sua disciplina. | Relação professor e aluno é horizontal, e não imposta; consciência ingênua deve ser superada; cabe ao professor: desmistificar e questionar com o educando a cultura dominante, valorizando a linguagem e a cultura deste, criando condições para que cada um deles analise seu conteúdo e produza cultura. | Relação professor e aluno baseada no empenho da transformação pessoal; o ensino é essencialmente uma vocação que requer uma mistura de sensibilidade artística e uma prática cientificamente sustentada; professor também está aprendendo e é transformado pelo relacionamento; sabe que o aprendizado não pode ser imposto; ajuda o indivíduo a descobrir o conhecimento |

| | | | | |
|---|---|---|---|---|
| | conseguir um comportamento adequado pelo controle do ensino; professor é elo com a verdade científica; aluno é espectador da verdade absoluta. | educação como um processo amplo, que lida com o ser humano de forma global; o profissional da educação também passa a ter um papel mais relevante: o de educador. | | que tem dentro de si; libera o "eu", abre os olhos, torna o educando consciente da opção; aceita e trabalha as diferenças individuais; experiência interior encarada como contexto para o aprendizado; recebe informações integrando-as e usando-as; aluno estimulado a divergir, a pensar de forma crítica e independente; compreende o significado do mundo. |

**Quadro 1  Integração dos paradigmas contemporâneos da educação com os pilares da educação para o século XXI e abordagens da Análise Transacional (elaborado pela autora).**

Fontes: Apontamentos realizados durante as aulas da Prof.-Dr. Marilda A. Berhens no curso de mestrado na PUC-PR. 1998-2000. Rays, 1990. Libâneo, 1984. Mizukami, 1986; Silva, I. 1986. Apontamentos realizados durante o Curso de Formação em Análise Transacional 2002.

Conforme se pode observar, o objetivo final da AT coincide com os objetivos da psicologia, que embasa o modelo educacional da Andragogia. O referencial teórico da AT oferece múltiplos recursos que potencializam e ampliam o papel do educador e do aluno dentro da sala de aula.

Há espaço para maiores aprofundamentos desses conceitos da AT bem como de outros que facilitem o uso de diversas ferramentas da Andragogia. Eles podem constituir objeto de contínuos estudos futuros. A experiência pessoal das autoras atesta o valor do uso dos conceitos da AT visando a educação. O cenário educacional tem novas configurações, contando com um afluxo cada vez maior de alunos adultos no sistema regular de ensino, bem como no sistema universitário, cujo público é o adulto; o ambiente corporativo transformou-se em um palco de educação continuada em que as ações educativas precisam ser efetivas para agregar valor ao negócio. O referido cenário afeta o trabalho de gestores, consultores, professores e instrutores, que precisam identificar maneiras práticas para promover uma educação que atenda aos princípios e processos de uma educação significativa destinada a satisfazer às necessidades do modo de aprender do adulto.

Fazemos aqui um convite para um exame da proposta teórica da AT na educação, integrada aos paradigmas contemporâneos da educação, que, em conjunto com os objetivos da Andragogia, podem contribuir para uma educação que leve à construção do homem mais integrado no momento atual e dê ao profissional de educação alternativas de recursos para ampliar e facilitar o seu fazer em sala de aula.

# REFERÊNCIAS BIBLIOGRÁFICAS

ARANHA, M.L.A. **História da educação**. 2 ed. São Paulo: Moderna, 1996.

BENNE, K.; BRADFORD, L.; LIPPITT, R. **T-Group Theory and Laboratory Method**. Nova York: John Wiley & Sons, 1964.

BERNE, E. **Princípios do tratamento de grupos**. União Nacional dos Analistas Transacionais – Unat, 1965 [tradução de uso restrito].

BERNE, E. **Os jogos da vida: Você está OK¿ – Análise Transacional**. 3. ed. Rio de Janeiro: Artenova, 1977.

BERNE, E. **O que você diz depois de dizer Olá?** São Paulo: Nobel, 1988.

BERNE, E. **Os jogos da vida – Análise Transacional e o relacionamento entre pessoas**. São Paulo: Nobel, 1988.

BERNE, E. **Estrutura e dinâmica das organizações e dos grupos**, 2013 [circulação restrita].

BRADFORD L.P.; GIBB J.R.; BENNE. K.D. **T-group theory and laboratory method**. Nova York: Willey, 1964.

ENGLISH, F. O contrato de três pontas. **Transactional Analysis Journal**, p. 383-384, 1975.

GADOTTI, M. **Paulo Freire: uma biobibliografia**. São Paulo/Brasília: Cortez/Instituto Paulo Freire/Unesco, 1966.

GOULART, I.B. **Psicologia da educação: fundamentos teóricos, aplicação à prática pedagógica**. Petrópolis: Vozes, 2009.

IGNACIO SILVA, S.A. **Valores em educação – O problema da compreensão e da operacionalizaçao dos valores na prática educativa**. Petrópolis: Vozes, 1986.

KNOWLES, M. **Aprendizagem de resultados: uma abordagem prática para aumentar a efetividade da educação**. Rio de Janeiro: Elsevier, 2009.

KOLB, D.A. **Psicologia organizacional: uma abordagem vivencial**. São Paulo: Atlas, 1978.

KRAUSZ, R.R. **Trabalhabilidade**. São Paulo: Scortecci, 2012.

LIBANIO, J.C. **Democratização da escola pública – A pedagogia crítico-social dos conteúdos**. São Paulo: Loyola, 1984.

LINDEMAN, E. **The meaning of adult education**. New York: New Republic, 1926.

MISUKAMI, M.G.N. **As abordagens do processo**. São Paulo: EPU, 1986.

PALÁCIOS, J. **Desenvolvimento psicológico e educação**. Org. C. César et al. 2. ed. Porto Alegre: Artmed, 2004.

PESQUISA NACIONAL POR AMOSTRA DOMICILIAR (Pnad) 2018.

PIAGET, J. A teoria de Piaget. In: MUSSEN, P.H. (org.). **Desenvolvimento cognitivo**. Vol. 4. São Paulo: EDU, 1975, p. 71-115.

PIAGET, J. **A equilibração das estruturas cognitivas: problema central do desenvolvimento**. Rio de Janeiro: Zahar, 1976.

PIAGET, J. **A tomada de consciência**. São Paulo: Melhoramentos, 1977.

RAYS, O.A. **Leitura para repensar a prática educativa**. Porto Alegre: SGRA, 1990.

ROGERS, C. **Liberdade para aprender em nossa década**. Porto Alegre: Artes Médicas, 1985.

ROSSETTI, F. **As concepções sobre treinamento – Visão dos gerentes de RH, consultores e colaboradores**. Dissertação de mestrado. Curitiba: UFPR, 2004.

SANT'ANNA, C.M. Andragogia: modelo de facilitação de aprendizagem de adultos. **Revista da Sociedade Brasileira de Dinâmica dos Grupos**, Porto Alegre, v. 6, n. 6, set./2013.

SANT'ANNA, C.M. **Andragogia: um conceito de educação de adultos**. Conteúdo produzido para a Escola Judicial do Tribunal Regional do Trabalho da 2ª Região, Ejud2. São Paulo, 2013.

SANT'ANNA, C.M. Andragogia e Análise Transacional. **Revista Brasileira de Análise Transacional – Rebat, Unat-Brasil**, Porto Alegre, anos XXV e XXVI, 2016/2017.

SANTANNA, C.M. **Andragogia: um conceito de educação de adultos**. Tópico apresentado no curso EAD para a Escola Judicial do Tribunal Regional do Trabalho da 4ª Região, Ejud4. Porto Alegre 2017.

SCHIFF, J.L. et al. Cathexis Reader: Transactional analysis treatment of psychosis. Nova York: Harper & Row (1975). In: CLARKE, J.I. Utilização sinérgica de cinco conceitos da Análise Transacional na Educação. **REBAT**, ano VII, n. 1, jun./1997; ano VIII, n. 1, jun./1998.

SCHUTZ, W. **Profunda simplicidade**. São Paulo: Agora, 1989.

SILVEIRA, L. Contrato para intervenção organizacional em desenvolvimento de pessoas. **Revista Brasileira de Análise Transacional – REBAT**, São Paulo, ano XXI, n. 1, abr./2011.

STEINER, C. **Os papéis que vivemos na vida – Análise Transacional de nossas interpretações cotidianas**. Rio de Janeiro: Artenova, 1976.

SWANSON, R.A.; FALKMAN, S.K. Algumas diretrizes para o uso de contratos de aprendizagem [1975]. Human Resource Develop-

ment Quarterly, v. 8, n. 4. In: KOWLES, M. **Aprendizagem de resultados: uma abordagem para aumentar a efetividade da educação corporativa**. Rio de Janeiro: Elsevier, 2009, p. 287-293.

VIEIRA, V. **Contrato psicológico: um conceito-chave para as
novas estratégias organizacionais** [Disponível em http://www.
cienciared.com.ar/ra/usr/3/350/ n6_v3pp73_82.pdf – Acesso em
17/05/2012].

ZIKÍDU, G.D. **Léxico ortográfico da língua grega da antiga até a
atual**. 8. ed. Atenas: J. Sideris, 1969.

# REFERÊNCIAS INFOGRÁFICAS

AMPARO, M.A.M. A infantilização do ensino na Educação de Jovens e Adultos: uma análise no Município de Presidente Prudente. **Boletin Geped**, ano I, v. 01, n. 01, dez./2012, p. 49-62 [Disponível em www2.fct.unesp.br/grupos/gepep/4a.pdf – Acesso em 17/03/2021].

BARBOSA, W.M. **A Pedagogia da Dor: nos tempos da palmatória** [Disponível em http://wallacemelobarbosa.blogspot.com.br/2011/05/pedagogia-da-dor-nos-tempos-da.html – Acesso em 24/01/2020].

BIBIANO, B. Brasil concentra 38% dos analfabetos da América Latina, diz Luniesco Leo Corrêa. **Veja** [Disponível em https://veja.abril.com.br/educacao/unesco-38-dos-analfabetos-latino-americanos-sao-brasileiros/ – Acesso em 02/11/2021].

ROSSEN, L. **Concentração perdida com uso de tecnologia "pode ser recuperada"** [Disponível em https://www.scielo.br/j/prc/a/YCNqyHCvVT4QhhQ9GgfGhsm/?lang=pt&format=pdf – Acesso em 29/03/2022].

ROSSETTI, F. Sem foco em resultados, eles confundem e constrangem. **Valor Econômico**, n. 2.616 [Disponível em www.sk aprendizagem.com.br/pesquisa-as-concepcoes-sobre-o-treinamento-visao-dos-gerentes-de-rh-consultores-e-colaboradores-fabrizia-rossetti/ – Acesso em 15/02/2020].

# ANEXO 1

# DIAGNÓSTICO PARA O PRINCÍPIO 1:

# NECESSIDADE DO SABER

**Sugestão de perguntas diagnósticas para aplicação do princípio 1 da Andragogia: necessidade de saber do aprendiz**[13]

1 *Como é trabalhar na empresa X?*

   1.1 Conte-me brevemente sobre sua trajetória profissional aqui na empresa.

   1.2 Descreva para mim seu trabalho aqui.

**Para funções não gerenciais**

2 *Como você virou (operador/analista/especialista...)?*

   2.1 Como foi sua primeira experiência de (operador/analista/especialista...)?

   2.2 De que forma você foi promovido ao cargo de (operador/analista/especialista...)?

   2.3 Cite um exemplo do que o deixa mais frustrado sendo (operador/analista/especialista...).

---

13. Estas perguntas podem ser usadas no diagnóstico, tanto *antes* como *durante* a aula ou ação de aprendizagem.

2.4 Na sua opinião, qual é a coisa mais difícil na sua vida como (operador/analista/especialista...)?

3 Qual o feedback *mais difícil que você já recebeu?*

3.1 Qual foi o resultado desse *feedback*?

3.2 Lembre uma situação complexa pela qual passou no trabalho e que recursos usou para resolver.

3.3 Na sua visão, o que poderia ser feito para diminuir o índice de erros/perdas da sua unidade/área?

4 *Na sua visão, o que você precisa para ser um (operador/ analista/especialista...) melhor?*

4.1 O que falta para você se aprimorar, para chegar aonde quer como profissional?

4.2 O que está disposto a fazer para chegar lá, desenvolver-se?

4.3 O que tem feito no momento para buscar seu desenvolvimento?

**Para gestores de pessoas**

2 *Como você virou gestor?*

2.1 Como foi sua primeira experiência de gestão?

2.2 De que forma você foi promovido ao cargo de gestão?

2.3 Cite um exemplo do que o deixa mais frustrado sendo gestor.

2.4 Na sua opinião, o que é mais difícil na sua vida como gestor?

4 *Qual o* feedback *mais difícil que você já deu?*

4.1 Lembre a situação mais complexa que precisou passar com alguém da equipe e como fez para dar o *feedback*.

4.2 Como a pessoa reagiu?

4.3 Qual foi o resultado desse *feedback*?

5 *Quais as principais dificuldades que as equipes apresentam para você?*

5.1 Que tipo de situação as pessoas da equipe costumam trazer no dia a dia para você resolver, como supervisor?

5.2 Como você lida com essas situações?

5.3 Sente que tem todos os recursos de gestão para lidar com a equipe?

6 *Na sua visão, o que você precisa para ser um gestor melhor?*

6.1 O que falta para você se aprimorar, para chegar aonde quer como gestor?

6.2 O que está disposto a fazer para chegar lá, se desenvolver?

6.3 O que tem feito para buscar o seu desenvolvimento?

# ANEXO 2

## INVENTÁRIO INFORMAL DOS ESTILOS DE APRENDIZAGEM

Este inventário descreve a maneira pela qual você aprende. Abaixo há 12 sentenças com opções para pontuar. Enumere-as de acordo com sua opinião sobre a forma como você aprende. Tente lembrar de situações recentes, quando teve de aprender algo novo, seja na escola ou no trabalho. Então, utilizando os espaços, coloque 4 caso a sentença descreva melhor a sua maneira de agir e siga, regressivamente, até 1, que representa o que menos tem a ver com você. Os números podem ser usados apenas uma vez em cada sentença. Lembre-se de preencher todos os espaços/quadradinhos.

**4** Mais parecido com você.

**3** Segundo mais parecido com você.

**2** Terceiro mais parecido com você.

**1** Menos parecido com você.

|  |  | A | B | C | D |
|---|---|---|---|---|---|
| 1 | Quando aprendo: | Gosto de lidar com meus sentimentos | Gosto de pensar em ideias. | Gosto de produzir. | Gosto de observar e ouvir. |
| 2 | Aprendo melhor quando: | Ouço e vejo com cuidado. | Confio em pensamento lógico. | Confio nos meus sentimentos e intuição. | Gosto de observar e ouvir. |
| 3 | Quando aprendo: | Eu racionalizo. | Sou responsável. | Sou quieto e reservado. | Tenho sentimentos e reações fortes. |
| 4 | Aprendo através: | Dos sentimentos. | Da ação. | Da observação. | Do pensar. |
| 5 | Quando aprendo: | Estou aberto a novas experiências. | Observo todos os lados. | Gosto de analisar e dividir em partes. | Gosto de experimentar. |
| 6 | Quando estou aprendendo: | Sou observador. | Sou ativo. | Sou intuitivo. | Sou lógico. |
| 7 | Aprendo melhor: | Observando. | Com relacionamentos pessoais. | Com teorias racionais. | Quando há chance de praticar. |
| 8 | Quando aprendo: | Gosto de ver os resultados do meu trabaho. | Gosto de ideias e teorias. | Espero antes de agir. | Sinto-me envolvido. |
| 9 | Aprendo melhor quando: | Confio em minhas observações. | Confio em meus sentimentos. | Experimento por conta própria. | Confio em minhas ideias. |
| 10 | Quando estou aprendendo: | Sou reservado. | Sou receptivo. | Sou responsável. | Sou racional. |
| 11 | Quando aprendo: | Eu me envolvo. | Gosto de observar. | Avalio. | Gosto de ser ativo. |
| 12 | Aprendo melhor quando: | Analiso ideias. | Sou receptivo e mente aberta. | Sou cuidadoso. | Sou prático. |

1-) Coloque sua pontuação no local correto e faça a soma:

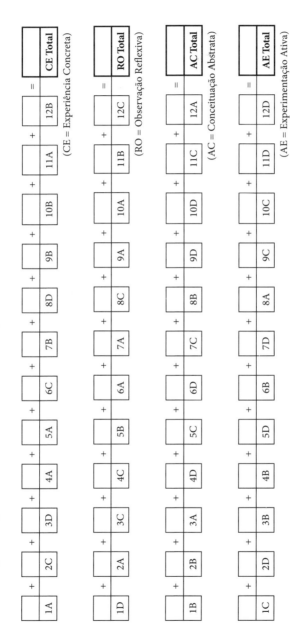

2-) Agora faça as subtrações e marque os resultados no gráfico:

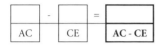

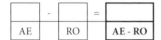

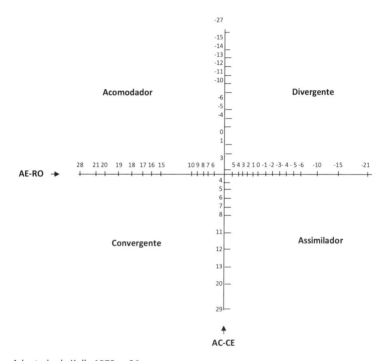

Adaptado de Kolb, 1978, p. 36.

# ANEXO 3
## POR QUE ORGANIZAR SUBGRUPOS

Aqui estão algumas informações úteis quanto à formação dos subgrupos de trabalho e discussão. Quanto mais tímidos forem os participantes, enquanto os participantes estão vivenciando as fases iniciais de sua inclusão no grupo ajustando suas imagos iniciais, menores devem ser os subgrupos. Às vezes, funciona bem trabalharem em duplas com alguém que já tiveram alguma afinidade, para irem, aos poucos, adquirindo confiança, para depois ampliar para trios ou mais.

No andamento do curso, os subgrupos podem ser organizados em número ímpar. É aconselhável que não tenha mais do que cinco participantes. É indicado formar subgrupos de tal maneira que pessoas diferentes tenham a oportunidade de trabalhar juntas para ampliar aos poucos a rede de interação entre eles.

Essas relações colaborativas ajudam os participantes a se verem como seres humanos respeitados e ouvidos; os participantes passam a especificar objetivos mais realísticos e concretos.

Pela falta de costume de controlar seu processo de aprendizagem, no início as respostas dos participantes às perguntas simples sobre suas expectativas de aprendizagem são vagas. É papel do facilitador investigar para que eles exercitem seu potencial, para terem clareza do que realmente pretendem, ajudando-os a apontar concretamente "O que especificamente pretendem aprender do assunto?", "Aprender mais do quê?", e fazer isso de uma forma que não amedronte, mas que qualifique o ser humano ali presente. Pode ser que, mesmo com essa investigação, eles ainda não tenham repertório suficiente para definir seus objetivos. Não desanime e não os pressione demais; faz parte do processo e é vagaroso, mas acontece.

Nos subgrupos, outros processos de socialização e aprendizagem ocorrem e são muito úteis e poderosos para a aprendizagem dos adultos. Podemos aproveitar essa energia se utilizamos esse recurso no decorrer das ações de treinamento. A sensação de sentir-se mais à vontade num grupo menor é de grande valia para que o aluno consiga fazer uma das mais importantes ações na aprendizagem em grupo de adultos, que é a troca de ideias. Num grupo grande, essa troca de ideias pode ficar monopolizada pelos extrovertidos; nos grupos menores e nas duplas há mais chance de as ideias dos introvertidos também serem valorizadas.

Assim, todas as técnicas nos ambientes presenciais e remotos relativas à divisão e mixagem de pessoas em grupos são bem-vindas na aprendizagem de adultos. Como já dissemos, os grupos não devem ter mais do que cinco pessoas para que as participações não se percam. O objetivo deve ser estruturado; ou seja, o grupo deve saber o que se espera dele, por que foram colocados em grupo e qual resultado se buscará deles após determinado intervalo de tempo.

Por fim, os subgrupos podem ser úteis para aumentar a abertura entre os participantes quando há conteúdos subjetivos a trocar e também quando há tarefas criativas e construtivas a fazer. O nível de autogestão dos adultos fica bastante facilitado em núcleos menores, diminuindo a ansiedade e facilitando a fluência de soluções.

Conecte-se conosco:

 facebook.com/editoravozes

 @editoravozes

 @editora_vozes

 youtube.com/editoravozes

 +55 24 2233-9033

www.vozes.com.br

Conheça nossas lojas:

www.livrariavozes.com.br

Belo Horizonte – Brasília – Campinas – Cuiabá – Curitiba
Fortaleza – Juiz de Fora – Petrópolis – Recife – São Paulo

  Vozes de Bolso

**EDITORA VOZES LTDA.**
Rua Frei Luís, 100 – Centro – Cep 25689-900 – Petrópolis, RJ
Tel.: (24) 2233-9000 – E-mail: vendas@vozes.com.br